Das Eupener Land
im Wandel der Zeit

Viktor Gielen

Das Eupener Land im Wandel der Zeit

GEV

Umschlagfoto: Helmut Thönissen
Umschlaggestaltung: Rita Johanns

Satz und Druck: Grenz-Echo Druckerei - Eupen

ISBN 90-5433-001-5
D 1992 / 3071 / 2

Vertriebspartner für Deutschland, Österreich, Schweiz:
Meyer & Meyer Verlag, Am Bayerhaus 23, Aachen

Zum Geleit

Vor nunmehr 28 Jahren erschien mein Heimatbuch „Geschichtliche Plaudereien über das Eupener Land", ein Werk, das Tausende Leser fand und inzwischen - wie meine anderen Veröffentlichungen über diesen Landstrich - längst vergriffen ist. Des öftern ist der Wunsch an mich herangetragen worden, doch eine Fortsetzung dieses Buches zu veröffentlichen, das die Forschungsergebnisse der letzten Jahrzehnte berücksichtigt. Dank des Entgegenkommens des Grenz-Echo-Verlages geht dieser Wunsch jetzt in Erfüllung. Mein Bestreben ging dahin, auch diesmal ein Buch vorzulegen, das nicht nur von historisch vorgebildeten Lesern, sondern von jedermann verstanden wird. Bei aller Wissenschaftlichkeit habe ich danach getrachtet, den Stoff allgemeinverständlich und darum anschaulich und abwechslungsreich darzubieten. Möge das neue Heimatbuch vielen Freude bereiten.

Eupen, im Januar 1992

Der Verfasser

Haben zur vorgeschichtlichen Zeit im Eupener Land Menschen gewohnt?

Unter Vorgeschichte oder Urgeschichte versteht man die Epoche, aus der keine schriftlichen Zeugnisse vorliegen. Sie wird erforscht mit Hilfe von Bodenfunden. Es heißt also den Spaten ansetzen. Die Frage ist nur: Wo ihn ansetzen? Meist muß der Zufall mithelfen.

Die Vorgeschichte wird eingeteilt in die Stein-, die Bronze- und die Eisenzeit.

Die Steinzeit ist jene Zeit, da Bronze und Eisen noch unbekannt waren und man darum die Waffen und Geräte hauptsächlich aus Stein herstellte.

Daß in der Steinzeit einzelne Menschen auf dem Boden des heutigen Eupener Landes gewohnt oder sich dort zeitweise aufgehalten haben, beweisen die zahlreichen Steinwerkzeuge, die Joseph Leclercq-Rutté aus Cornesse in den Jahren 1959 bis 1979 hier gefunden hat. Fundorte waren:

Hergenrath-Flönnes (1959)
Auf der Heide (1964)
Auf Langmüs (1964)
Busch-Brand (1966) und
Brennhaag (1979)[1]

Wahrscheinlich stammen diese Steinwerkzeuge aus der Mittelsteinzeit (Mesolithikum), die bis ca. 4000 v. Chr. gedauert hat. Diese Periode war gekennzeichnet durch den Eisrückgang und ein feuchtes, sich erwärmendes Klima. Der Mensch verließ die Höhlen, in denen er bis dahin gewohnt hatte und siedelte sich im Freien an, mit Vorliebe auf Anhöhen und in der Nähe des Wassers.

Das Ende der jüngeren Steinzeit (um 2500 v. Chr.) wird gekennzeichnet durch die Verwendung von Kupfer. Aus dieser Zeit stammen verschiedene polierte Steinwerkzeuge, die zu-

---

[1] S. hierzu: J. & H. Leclercq-Rutté: „Die Vorgeschichte im Göhltal und Umgebung" in der Zeitschrift „Im Göhltal" Nr. 38, Februar 1986.

fällig im Boden des Eupener Landes gefunden wurden. So fand Hubert Schmetz von Astenet-Siegel um 1910 beim Einrammen eines Eckpfahls auf seiner Wiese am Waldrand bei Prestert ein solches Werkzeug. Bei Waldarbeiten in der Nähe der Eyneburg (Hergenrath) fand Hubert Kessel 1953 in etwa 25-30 cm Tiefe eine im Humusboden liegende Hacke aus poliertem Silex. Weitere polierte Beile wurden ausgegraben im „Flönnes" (1963), in Hauset (1965) und in Lontzen (1967).

Hügelgräber

Um die Jahrhundertwende machte Professor Liese aus Aachen eine hochinteressante Entdeckung. Er stellte fest, daß der Aachener Wald einmal als Begräbnisstätte und wahrscheinlich auch als Wohnraum einer menschlichen Gemeinschaft gedient hat. In der Nähe des Moresneter Bittwegs und am Klausberg – also in unmittelbarer Nähe des Eupener Landes – entdeckte er eine ganze Reihe von sog. Hügelgräbern. Lieses Ausgrabungen haben Strukturen und Reste von Einäscherungen freigelegt. Im Jahre 1977 – anläßlich des Nationalen Archäologenkongresses in Kelmis – fand Madame Cahen bei der Ausgrabung eines Hügelgrabes im Preuswald in der Mitte Spuren einer Bestattung und am Hügelrand Reste einer Einäscherung.

Nach Dr. Kaemmerer („Gesch. Aachen", S. 6) sind diese Hügelgräber von Siedlern aus der Bronzezeit angelegt worden, wie verschiedene Grabbeigaben aus Bronze beweisen.

Professor W. Hermanns („4000 Jahre Aachen") schreibt: „In einem dieser Gräber fand sich ein prächtiger Bronzedolch: eherner Zeuge einer schon erzverarbeitenden Zeit, die vermutlich den Galmei des nahen Altenbergs (Kelmis) zu schmelzen und zu schmieden gelernt hatte."

Somit sind die Hügelgräber auf den Höhen des Aachener Waldes in der Bronzezeit – ca. 2000-1000 v. Chr. – angelegt worden.

Aus all diesen Bodenfunden kann man schlußfolgern, daß auch schon zur vorgeschichtlichen Zeit, wenigstens in den Göhltalgemeinden des Eupener Landes, vereinzelt Menschen gewohnt haben.

Im Boden der heutigen Stadt Eupen jedoch ist, soweit uns bekannt, noch kein vorgeschichtlicher Fund gemacht worden.

Literatur zu den Hügelgräbern:
J. Liese: Hügelgräber im Aachener Stadtwald – Zeitschrift des Aachener Geschichtsvereins, 45, 1923-1925, S. 276
C.R. Hooijer: Grafheuvels te Holset bij Vaals (NL) in het Voetspoor van A.E. Van Giffen, Groningen 1961, 95-97. Der Verfasser erwähnt u.a. den von W. Hermanns genannten Bronzedolch.
A. Cahen-Delhaye: Tombelle de l'Age du Bronze à Neu-Moresnet. Archaelogica Belgica, Nr. 206, Bruxelles 1978, S. 15-19 (Übersetzung von Dr. G. de Ridder, „Im Göhltal", Nr. 24 (1978), S. 32 ff.

Spuren der Römer im Eupener Land

Römische Funde in Astenet – Lontzen – Eynatten – Raeren – Kettenis

Größere Siedlungen hat es zur Römerzeit im Eupener Land bestimmt nicht gegeben. Unsere Heimat war zu der Zeit wohl zum größten Teil mit Wald bedeckt. Jedoch auch durch dieses Waldgebiet führten römische Straßen, so die Straße von Limburg über Baelen, Kettenis (Hochstraße) nach Kornelimünster und die Straße von Limburg über Heggen, Lontzen und Astenet.

Auch haben die Römer in unseren Wäldern Eisenerz verhüttet.

Diese zwei Faktoren – die Straßen und die Eisenhütten – haben es mit sich gebracht, daß auch im Eupener Land ab und zu Spuren aus der Römerzeit auftauchen.

1. In Astenet

J. Schneider schreibt in seinem Beitrag über die Römerstraßen im Regierungsbezirk Aachen (Zeitschrift des Aachener Geschichtsvereins, Bd. XII, S. 155):

„Von Limburg führt eine Straße über Heggen, schneidet die Chaussee von Herbesthal nach Eupen und geht nach Lontzen, dann der Eisenbahn entlang an Astenet vorbei, wo viele römische Altertümer gefunden wurden."

Dies wird bestätigt von Christian Quix in seinem 1837 erschienenen Buch „Beiträge zu einer historisch-topographischen Beschreibung des Kreises Eupen", S. 66, wo es heißt:

„Astenet, in dessen Nähe römische Urnen und dgl. mehrmals ausgegraben worden sind. Ein Beweis dafür, daß einst Römer hier gewirtschaftet haben und diese Gegend, die meist Ackerfelder bedecken, eine sehr alte Rodung ist... Der Landrat des Kreises Eupen, Herr Scheibler, besitzt eine artige Kollektion dieser bei Astenet ausgegrabenen Altertümer der Römer."

Der Wohnsitz des Landrats Bernhard von Scheibler war Schloß Großhaus in Lontzen. Er verstarb am 20. April 1837. Wohin die von ihm gesammelten römischen Altertümer nach seinem Tod gekommen sind, ist nicht bekannt.

2. In Lontzen

Wie man in Lontzen auf römische Altertümer stieß, geht aus folgendem Schreiben hervor, das sich im Stadtarchiv Eupen (Nachlaß de Nys) befindet:

Eupen, den 17. September 1912

Herrn Amtsgerichtsrat de Nys
Hochwohlgeboren, hier

Auf meiner gestrigen Reise nach Aachen traf ich auf der Eisenbahn mit dem Bäckermeister Reul aus Lontzen zusammen. Derselbe erzählte mir:
Durch Vergrößerung der Bahnanlage in Herbesthal habe er der Bahnverwaltung ein Stück Land verkauft, ein anderes Stück gegen ein Stück Oedland, gelegen auf Poppelsberg in der Nähe von Rabotrath, getauscht, resp. angekauft. Er habe neulich begonnen, dieses Oedland urbar zu machen und gerodet. Dabei habe sich herausgestellt, daß dieses ein alter, wahrscheinlich römischer Begräbnisplatz gewesen sei, denn er habe eine Anzahl alter Urnen in Gräbern gefunden, er beabsichtige nach Aachen zum Museumsverein zu gehen, um die Sachen und Ausbeutung des Platzes zu verwerten...
Herr Reul hat die gefundenen Urnen und Vasen in seiner Wohnung.

Hochachtungsvoll
Nic. Weinand

Herr de Nys war damals Vorsitzender der Ortsgruppe Eupen des Eifelvereins und als solcher natürlich besonders interessiert an diesen Bodenfunden.

Das Aachener Museum wurde dann eingeschaltet und grub – wahrscheinlich um 1913 – am Fuß des Poppelsbergs eine Reihe römischer Brandgräber aus. Erst nach dem Zweiten Weltkrieg wurde zu diesem Fund etwas veröffentlicht.[1]

[1] Mayer O. E.: „Ein römischer Friedhof am Poppelsberg in Lontzen", Zeitschrift des Eupener Geschichtsvereins, Nr 1, 1951, S. 18-22.

Die Fundstelle liegt auf der Wiese Kataster 805/174, die nach Südwesten durch den Fontenesbach und im Osten durch den Bahndamm der Strecke Herbesthal-Astenet begrenzt wird.

Aus welcher Zeit stammen die Grabbeigaben? Dr. Mayer schreibt dazu: „Die am Poppelsberg gefundenen Grabbeigaben lassen sich durch die Profilierung der Henkelkrüge, durch eine Sorte von Bechern, deren Außenseite durch Griesbewurf gerauht ist und andere wohlbekannte Formtypen mit Sicherheit in die erste Hälfte des 2. Jahrhunderts, die Zeit der Kaiser Trajan, Hadrian und Antonius Pius datieren...

Daneben finden sich aber Gefäße, die gleichzeitig mit in die Erde kamen und somit keiner älteren Periode angehören, aber in Technik und Formung unrömisch und als Weiterbildung der keltischen La Tène-Keramik anzusehen sind.

Der Fund vom Poppelsberg bestätigt erneut die Erfahrung, daß die Romanisierung der Bevölkerung und die Übernahme italisch-hellenistischer Elemente durch die Einheimischen im Hinterlande der Rheinlinie weit zögernder vor sich ging als dort, wo die Lebenshaltung der vom Mittelmeer herkommenden Beamten und Militärs durch die bodenständige Bevölkerung in oft snobistischer Form nachgeahmt wurde. Die Landbevölkerung hatte kaum Gelegenheit, mit gebildeten Römern in Berührung zu kommen, sie sprach und schrieb allenfalls ein korrumpiertes Latein, im übrigen aber Keltisch."

3. *In Eynatten*

a) Schon im Jahre 1891 berichtete die Zeitschrift des Aachener Geschichtsvereins über römische Altertümer, die zwischen Lichtenbusch und Kinkebahn gefunden wurden. Über den Verbleib dieser Fundstücke ist nichts bekannt.

b) Im Sommer 1964 – ich war damals Pastor von Walhorn – rief Dr. O.E. Mayer, damals Kustos des Raerener Töpfereimuseums, mich eines Tages an und sagte mir: „Kommen Sie mal zum Freyent-Wald. Wir haben eine römische Villa entdeckt und sind dabei, sie auszugraben." Die Entdeckung interessierte mich natürlich sehr, und am ersten freien Nachmittag begab ich mich zum Freyent-Wald, wo nicht weit von der alten Römerstraße – hier Kinkebahn genannt – bei der Anlage

Zwei Fundstücke aus dem römischen Bauwerk im Freyent-Wald zu Eynatten (ausgegraben im Monat Juli 1964)
- Römischer Sigillata-Napf aus dem 3. Jahrhundert (verkleinert).
- Römische Münze: ein Denar, geprägt unter Kaiser Septimius Severus (193-211 n. Chr.). Die Vorderseite zeigt die Büste des Kaisers, die Rückseite (auf der Abb. nicht sichtbar) rühmt seinen Sieg über die Parther und zeigt zwei Gefangene. *Zeichnung Fr. Nyns*

eines neuen Forstweges die Arbeiter auf Fundamente gestoßen waren. Einige von ihnen gesammelte Stücke von Dachpfannen und ein paar Scherben konnte Dr. Mayer auf den ersten Blick als römisch erkennen.

Man ging dann daran, die Fundamente freizulegen, wobei festgestellt wurde, daß es sich um ein größeres Gebäude oder um einen Baukomplex handelte, dessen Mauern seit Jahrhunderten als Steinbruch gedient hatten.

Aus welcher Zeit stammte das Gebäude? Die gefundenen Gefäßreste, u.a. ein Sigillata-Napf erlaubten – so sagte Dr. Mayer – eine Datierung in die 1. Hälfte des 3. Jahrhunderts. Auch eine Götter-Gemme und eine Münze aus der Zeit des römischen Kaisers Septimius Severus (193-211) wurden gefunden.

Auffallend war das häufige Vorkommen von Eisenschlacken. Wahrscheinlich ist dort Eisenerz verhüttet worden. Das Mauerwerk des römischen Bauwerks wurde aus Kalk- und Sandsteinen sowie Kieselkonglomeraten aufgeführt, alles Gestein aus der Umgebung. Große Dachziegel und durchlochte

Schieferplatten sind Reste der Bedachung. Neben dem Gebäude wurde ein gemauerter Brunnen aufgedeckt und ausgehoben. Er enthielt u.a. Tonscherben, Balken und Ziegel des eingestürzten Brunnenhauses sowie profilierte Sandsteinplatten.

Von den Ausgrabungen ist heute nichts mehr zu sehen; der Wald hat sein Terrain zurückerobert. Die meisten Fundstücke befinden sich im Raerener Töpfereimuseum.

c) Im Laufe des Jahres 1966 konnten in der Nähe von Langfeld – wieder unweit der Römerstraße – vier weitere römische Schlackenhaufen entdeckt werden, die Scherben und Stücke von Dachziegeln enthielten.

4. *In Raeren-Mariental*

In einer Wiese bei Schnellenburg (Mariental, an der Landesgrenze bei Sief) befinden sich Trümmer einer römischen Villa, die durch Scherbenfunde in das 2. Jahrhundert n. Chr. zurückdatiert werden können. (Freundl. Mitteilung des Herrn Dr. Mayer).

Das Doppelgehöft Schnellenburg erreicht man von der Landstraße Sief-Langfeld-Lichtenbusch über den Triftweg, von dem rechts der grasbewachsene, ungewöhnlich breite Schnellenburger Weg abzweigt. Das Gehöft liegt in unmittelbarer Nähe des Krickelberg-Waldes. Schon vor langer Zeit hat man bemerkt, daß auf einer Wiese dieses Doppelgehöftes das Gras einer etwa 15 mal 22 m großen Fläche in sehr trockenen Sommern rötliche Färbung zeigt. Dort hat ein Rutengänger den Verlauf von Fundamenten und einen unterirdischen Kanal festgestellt. Als der frühere Besitzer, Herr Koerver, in einer Ecke einmal nachgrub, stieß er auf Fundamente und fand u.a. Bruchstücke von schweren flachen Dachziegeln. Man sandte ein Stück davon an das Rheinische Landesmuseum in Bonn, das es „als sicher römisch" erklärte.

Aus alledem ist klar: An der Stelle der heutigen Wiese „in der Schnellenburg" gab es im 2. Jahrhundert eine römische Siedlung. Genaueres würde sich erst sagen lassen, wenn nach wissenschaftlichen Methoden gegraben würde.

Unweit der Schnellenburg liegt am Waldrand eine Wiese, die den sonderbaren Namen „Judenkirchhof" trägt.

5. In Kettenis

Der breite Weg zwischen der Rochuskapelle an der Hochstraße und der Flur Altkirch hat anscheinend schon zur Römerzeit bestanden. Wie wir an anderer Stelle berichten, fand Michael Jerusalem aus Eupen hier Scherben, die nach Prüfung von Fachleuten als eindeutig römisch erklärt wurden. Die Scherben sind im Besitz des Herrn Jerusalem, heute wohnhaft in Raeren, Grachtstraße.

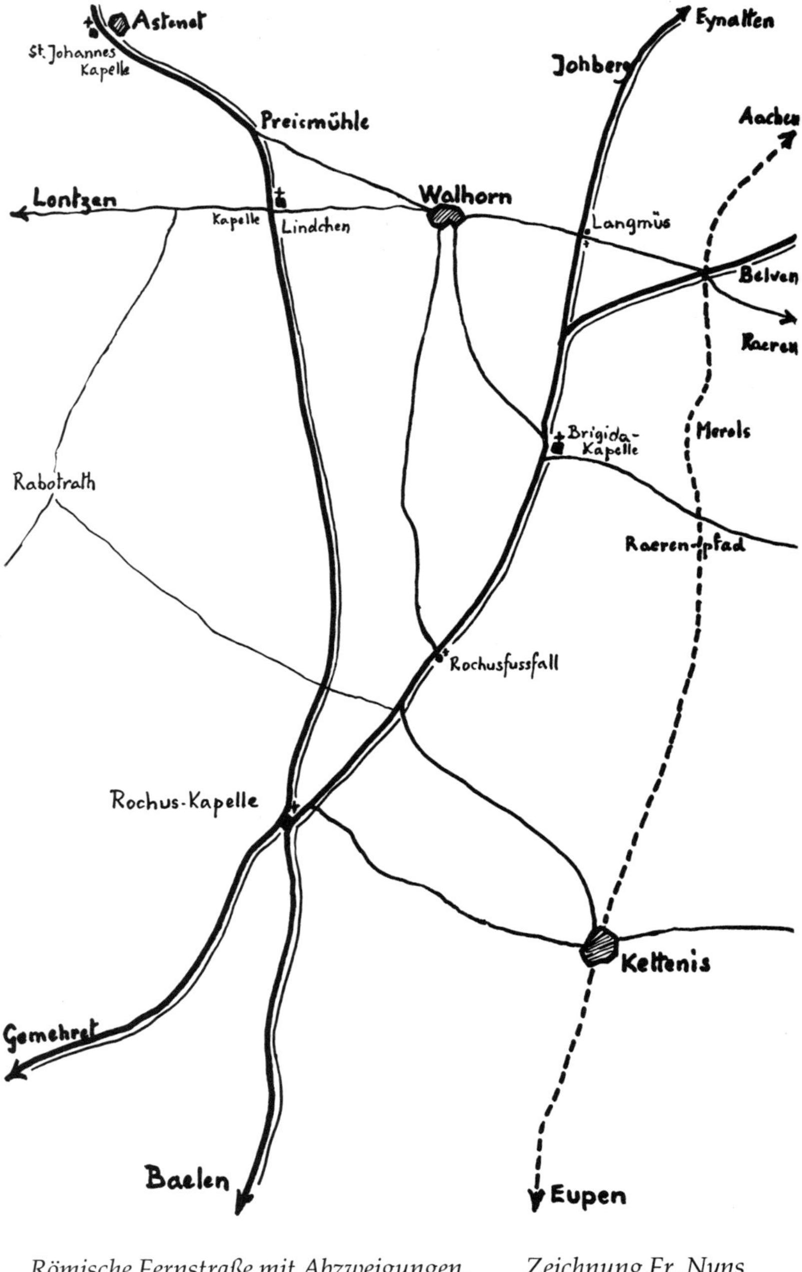

Römische Fernstraße mit Abzweigungen. *Zeichnung Fr. Nyns*

Heimatgeschichte beginnt bei den alten Fernwegen

Die alten Verkehrswege haben das Werden und die Entwicklung unserer Städte und Dörfer maßgeblich beeinflußt. Siedlung und Eroberung, Handel, Religion und Kunst folgen den Wasserwegen oder den Fernstraßen. Auch die Geschichte des Eupener Landes muß darum bei den Fernstraßen beginnen.

Die römische Fernstraße: Hauptverkehrsader

Von besonderer Bedeutung für das Eupener Land war die römische Fernstraße – auch Heerweg genannt –, die das Gebiet in nordöstlicher Richtung über einen Höhenzug durchquert. Von Dinant, Limburg und Baelen kommend, führt sie nördlich an Eupen vorbei und dann weiter in Richtung Kornelimünster-Jülich. Das Eupener Land erreicht sie an der heutigen Kreuzung Gemehret-Herbesthaler Straße. Sie durchquert Gemehret bis zum Treffpunkt der Langgasse mit dem Gemehreter Weg. Von hier aus verläuft sie geradewegs durch die Wiesen Willweid und über den Hof des Gutes „Haushoff", um bei der Rochuskapelle auf den mit Hochstraße bezeichneten Weg zu stoßen. In den Wiesen ist ihre Trasse allerdings kaum zu erkennen, da ihre Bodenfläche schon 1830 den Anliegern verkauft worden ist. [1]

Diese alte Straße – vielleicht geht sie sogar bis in die vorrömische Zeit zurück – bildete vor 200 Jahren die Hauptverkehrsader durch das Eupener Land und die Hauptverbindung sowohl nach Osten wie auch nach Westen. Wenn sie sich auch meistens in einem beklagenswerten Zustand befand und besonders bei schlechtem Wetter sehr morastig war, kann man doch ihre Bedeutung für unsere Vorfahren in etwa mit der Bedeutung der Autobahn für unsere Zeit vergleichen. So wie sich heute entlang der Autobahn die Industrie ansiedelt, ließen sich damals in der Nähe der Fernstraße die Gewerbetreibenden nieder, z.B. die Töpfer, so in Merols und auf Berlotte.

[1] S. hierzu: B. Heeren: Kettenis, S. 141.

Über die römische Fernstraße rumpelten lange Zeit – bestimmt bis zum Bau der Steinstraße (Route pavée) von Eupen bis Weißhaus um 1780 – die schwerbeladenen Wagen der Eupener Tuchfabrikanten. Über die gleiche Straße zogen in kriegerischen Zeiten die Heere der Eroberer oder der Verteidiger. Daher der Name Heerstraße oder Heerweg.

Zwei Abzweigungen führten von Eupen nach Aachen

Ab 1780 konnten die Eupener auch über eine feste Straße die Stadt Aachen erreichen, allerdings auf einem Umweg, nämlich über die schon erwähnte neuerbaute Kunststraße nach Weißhaus. Vor diesem Zeitpunkt standen ihnen nur zwei schlechte Wege zur Verfügung, die wir heute „alte Gassen" nennen würden. Der Eupener Forstmeister Felden erwähnt sie in einem Bericht an die Regierung vom 7. September 1768. [2]

1. – Der erste Weg, Winweg oder Wynweg – auch Aachener Weg – genannt, führte von der Rochuskapelle an der Hochstraße nach links über die Fluren von Walhorn, wo er, wie Felden bescheinigt, „sehr gut ist". Schlechter wird er allerdings vom Walhorner Kreuz aus. Weiter geht er über Marzelheide und Lindchen nach Astenet und Himmelsplatz. Ein wenig weiter überquert er die Göhl, wo der „große Weg von Aachen nach Limburg" ihn kreuzt. Er führt dann durch Hergenrath und „erreicht ungefähr eine halbe Stunde von der Göhl entfernt Bildchen", wo er in die von Herve und Henri-Chapelle herkommende feste Straße einmündet. Diese hier erwähnte feste Straße – auch Kunststraße genannt – bestand erst seit einigen Jahrzehnten und auch nur bis Bildchen. Die gepflasterte Straße von Bildchen bis Aachen wurde erst 1797 fertig. Bis dahin gab es dort nur einen Hohlweg, von dem ein Engländer 1793 sagte, er sei so eng, „daß Wagen weder wenden noch aneinander vorbei konnten."

Am Winweg oder doch in seiner Nähe sind die Ortschaften Walhorn, Astenet und Hergenrath entstanden – wenn auch das Zentrum Walhorns ein wenig östlicher an den außerordentlich ergiebigen Quellen des Groetbach liegt.

[1] Allgemeines Reichsarchiv, Brüssel, Nr. 3323.

2. – Der zweite Weg – Pilgerweg genannt – zweigt unterhalb von Schloß Merols (Waldenburgshaus) bei Magererb, unweit der Brigida-Kapelle, von der Hochstraße ab, um über Langmüs, Johberg, Eynatten und Linzenshäuschen nach Aachen zu führen.
An diesem Weg ist das Dorf Eynatten entstanden und zwar in der Nähe des Bornweihers, wo sich sehr ergiebige Wasserquellen befinden, die auch in den trockensten Jahren nicht versiegen.

Hinter Eynatten führt der Weg in Richtung Göhltal, wo früher eine Mahlmühle klapperte. Den Bach überquerte man an einer Furt (seichte Stelle). Die Überquerung, so sagt Felden, war „bei Regenwetter ziemlich schwierig." Weiter ging es dann „durch den Wald der Bank Walhorn und den Aachener Wald" zum Krugenofen, um durch das Burtscheider Tor – heute Marschiertor genannt – in die Stadt einzumünden. Dieser Weg, so schreibt Felden, „ist zur Winterszeit an mehreren Stellen fast ungangbar."

Der Name Pilgerweg ist darauf zurückzuführen, daß die Eupener ihn gerne nahmen, wenn sie anläßlich der alle sieben Jahre im Juli stattfindenden Heiligtumsfahrt nach Aachen pilgerten.

Der Öslinger Weg - Sein Einfluß auf die Entstehung von Raeren

Er war seit dem Mittelalter – und vielleicht noch früher – die Nord-Südverbindung im Gebiet der Ardennen. Das Wort Ösling hat die gleiche Bedeutung wie Ardennen. Noch im Hochmittelalter rechnete man Aachen zu den Ardennen. Öslinger Weg bedeutet also Weg durch die Ardennen.

Als Anfang des Öslinger Weges, soweit er außerhalb des heutigen Stadtumfangs Aachens sichtbar wird, darf man die tiefen Hohlwege im früheren Karrenausfahrgebiet zwischen Hirtzplei und Köpfchen ansehen. Als tiefer Hohlweg überquert der Öslinger Weg Köpfchen und führt an den Zyklopensteinen vorbei zur Göhl, die er bei Wesselbend überschreitet. Über Steinkaul und Stestert geht es dann weiter nach Berlotte. Hier, wo er die Römerstraße Bavai-Kornelimünster-Köln schneidet, entstand der Weiler Berlotte, wo sich auch Töpfer niederließen.

Die beiden Linien des Öslinger Weges. Die rund punktierte Linie ist die direkte und verkehrsreichste Nord-Südverbindung. Sie führt über Neudorf. – Die oval punktierte Linie ist die Abzweigung über Raeren-Born, Berg und Petergensfeld.

Entwurf und Zeichnung: P. Mennicken

Auf Berlotte gabelt der Öslinger Weg sich. Eine Linie geht über Höf, Bickelstein, Gracht, an Burg und Haus Raeren vorbei (in der Nähe die ergiebige Wasserquelle Born!) in Richtung Petergensfeld, Roetgen.
Die zweite Linie, der direkte Nord-Südweg zwischen Aachen und Trier, der aufgrund seiner noch vorhandenen tiefen Hohlwege als der verkehrsreichere anzusehen ist, biegt bei Berlotte leicht nach rechts ab nach Vergevenis, am Neuenbau vorbei zur heutigen Bachstraße nach Neudorf. Weiter geht es dort durch den tiefen Hohlweg der Borngasse in Richtung Weser.

An den beiden Linien des Öslinger Weges sind die Ortschaften Raeren und Neudorf entstanden. Dies erklärt auch, warum das Dorf so weit auseinandergezogen ist.

An der linken Seite liegt Alt-Raeren mit den Höfen und Häusern in der Gracht und Heck, mit Born und den beiden Burgen.

An der rechten Seite – der Hauptlinie – entstand der Hof Neudorf mit den Häusern im Sträßchen, am Altenbach, in der Borngasse und auf der Pfau.

Die außerordentlich verkehrsgünstige Lage der Siedlung Raeren-Neudorf wird wohl auch ausschlaggebend gewesen sein für die Niederlassung der Töpfer gerade an dieser Stelle. Die Siedlungen Raeren und Neudorf liegen am Öslinger Weg, also an der so wichtigen Nord-Südverbindung. Außerdem führte im Norden Raerens die „Kinkebahn" vorbei, die Römerstraße Bavai-Kornelimünster-Köln, die West-Ostverbindung also. Die Töpfer mußten ihre Erzeugnisse weithin exportieren. Dafür war es sehr wichtig, daß sie an guten Fernstraßen wohnten.

Der Fernweg Eupen-Raeren über Nispert

Bekanntlich wurde die heutige Chaussée Eupen-Aachen mit einer Abzweigung in Merols nach Raeren erst im Jahre 1828 für den Verkehr freigegeben.

Wie kam man vor diesem Zeitpunkt von Eupen nach Raeren? Es gab zwar einen Fußpfad über Kettenis-Liberme, der war jedoch nur für Fußgänger. Wer zu Pferd oder per Wagen reiste, mußte den Weg durch die Langgasse nehmen, die vom Werthplatz aus über Nispert und Katharinenplei in Richtung Raeren-Neudorf führt. Es ist ein typischer Höhenweg, von dem aus man eine herrliche Fernsicht über das Eupener Land genießt. An diesem Fernweg entstand die Ortschaft Nispert.

Der Fernweg Goé-Eupen-Roetgen

„Dieser Weg begann in dem historisch interessanten Ort Goé, überschritt bei dem alten Turm-Hof Lavioule die Weserfurt in Richtung des hochgelegenen alten Gutshofes Nantislay, ging dann auf Membach zu, um von dort, langsam steigend, den nördlichen Wesertalrücken zu erreichen. Diesem folgend, lief er als die allbekannte Langgasse am neuen Kinderheim vorbei, um beim alten Waisenhaus den Stadtbezirk zu erreichen."[3]

Die Bezeichnung „Langgasse" deutet auch hier darauf hin, daß es sich um einen Weg von überlokaler Bedeutung handelt. An ihm entstand das alte Eupener Bergviertel. Seine Fortsetzung verläuft – heute noch auffallend breit ausgelagert – über Bergkapellstraße und Judenstraße nach Schönefeld bis zum Waldrestaurant, um von da aus als tiefer Hohlweg nach Diepbach und Mospert zu führen. Hier muß einmal – und das während langer Zeit – ein sehr intensiver Handelsverkehr in Richtung Roetgen-Monschau geherrscht haben. Vielleicht zogen aber auch im Mittelalter die aus dem Fürstbistum Lüttich kommenden Wallfahrten nach Trier über diesen Weg.

1768 wurde von Eupen aus ein neuer Weg angelegt, die sogenannte Kornbahn. So hieß er, weil er dazu bestimmt war, den Transport des Getreides aus dem Monschauer Land nach Eupen zu erleichtern. (Bahn bedeutet moderner, glatter Weg).

[3] Willi Berens: Mospert, eine alte Forsthufe und ihre Bedeutung, Gesch. Eupen, Bd V, S. 17 ff.

Das Eupener Land tritt in das helle Licht der Geschichte

Die erste urkundliche Erwähnung

Im 4. und 5. Jahrhundert drangen die germanischen Franken nach Westen vor und vertrieben die Römer. Aus dem Volk der Franken ist die wichtige Familie der Karolinger hervorgegangen, deren berühmtester Sproß Karl der Große ist. Aus der karolingischen Zeit stammen die ersten urkundlichen Nachrichten über unsere Heimat, über das Grundgebiet des heutigen Eupener Landes.

Zwar ist nicht Eupen der Mittelpunkt – der Name taucht erst in einer Urkunde des Jahres 1213 auf – sondern Bailus, (Baelen) und Harna (Walhorn). Das Grundgebiet der heutigen Stadt Eupen (außer Kettenis) gehörte zum Königshof Baelen.

Am 13. Juni 888 bestätigt der deutsche König Arnulf dem Marienstift in Aachen die Nona, d.h. den neunten Teil der Einkünfte der Königshöfe Baelen und Walhorn. Er bestätigte damit eine Urkunde Lothars II., Urenkel Karls des Großen, der von 855-868 regiert hatte. Nachweislich haben also die Königshöfe Baelen und Walhorn um das Jahr 850 bestanden, und man geht wohl nicht fehl in der Annahme, daß sie in die Zeit Karls des Großen († 814) zurückgehen.

Harna: ein fränkischer Königshof

Bei seiner ersten Erwähnung war Walhorn also ein fränkischer Königshof. Ein solcher Königshof war gelegentlich der Aufenthaltsort des Königs und bestand aus einem Wirtschaftshof und manchen Nebengebäuden. Von hier aus wurde ein großes, weites Gebiet verwaltet. So umfaßte der Königshof Harna oder Walhorn das Grundgebiet der heutigen Gemeinden Walhorn, Hergenrath, Hauset, Eynatten, Kettenis und Raeren sowie Lichtenbusch und Sief.

Die Einkünfte des Königshofes gehörten dem König. Auch der Königshof Walhorn war also dazu ausersehen, zum Unterhalt des königlichen Hofes in Aachen und der Pfalzkapelle beizutragen. So wird damals manche Fuhre den Weg zur Kaiserstadt genommen haben, um den König und sein Gefolge mit guter Walhorner Butter, mit Käse, Fleisch und Getreide zu versorgen.

Der Königshof Walhorn umfaßte ungefähr die Hälfte des Grundgebietes des heutigen Kantons Eupen. Er blieb Verwaltungs- und Gerichtsbezirk bis zum Einmarsch der Franzosen, die 1795 Eupen zum Mittelpunkt machten.

Der Königshof Walhorn wird Eigentum des Aachener Marienstifts

Ungefähr 200 Jahre lang hören wir dann nichts mehr vom Königshof Walhorn (von 888-1072). Dann aber geschieht etwas sehr Wichtiges. Am 27. April 1072 weilt König Heinrich IV. in der Aachener Pfalz. Bei diese Gelegenheit schenkt er dem Marienstift Aachen den Königshof Walhorn, der bis dahin sein Eigentum gewesen war. In der Schenkungsurkunde – die noch erhalten ist – heißt es: „Wir halten diese Kirche für wertvoller als die anderen, und darum wollen wir ihr wertvollere Güter schenken. Aus diesem Grunde gaben wir ihr... ein kostbares Gut."

Der Königshof Harna wird in der Urkunde als „wertvolleres" oder „kostbares" Gut bezeichnet. Die Gegend gilt ja auch heute noch als besonders fruchtbar, weil sie mit Lößlehmen bedeckt ist. Vielleicht galt sie damals auch deshalb als wertvoller, weil in ihrem Bereich Eisenbergwerke lagen.

1072 muß der größte Teil dieses Gebietes noch aus Wald und Oedland bestanden haben, denn sonst hätte der König nicht das Recht gehabt, es zu verschenken.

Am 13. Juni 1988 waren 1100 Jahre vergangen seit dem Tage, da König Arnulf eine Urkunde bestätigte, in der zum ersten Male Walhorn (Harna) genannt wird. Für Walhorn war dies der Anlaß, 1988 zu einem Jubeljahr zu machen. Das nachfolgende Lied begleitete die Jubelfeiern.

Walhorner Heimatlied

Königshof und Königsland,
einst des Königs Aufenthalt,
der das Gotteshaus erbaut
und Sankt Stephan anvertraut.

Aus des Groetbachs mächt'gem Quell
sprudelt Wasser silberhell,
und es spiegeln sich darein
Land und Leut' im Sonnenschein.

Sei gegrüßt, o Heimatland,
all ihr Stätten wohlbekannt,
trag dein Bild im Herzen mein,
möge Gott stets mit dir sein.

Iter und Inde

Die siedlungsbildende Kraft zweier Raerener Wasserläufe

1. Die Iter

Wasser ist das unabdingbare Lebenselement für Mensch und Tier. Nicht immer gab es die Talsperren, durch die die Wassernot weithin behoben ist. Wenn unsere Vorfahren neue Siedlungsplätze suchten, waren ihre ersten Fragen: „Gibt es da einen Fernweg?" und „Gibt es da genügend Wasser?" Sie haben sich da niedergelassen, wo es viel Wasser gab, etwa am Zusammenfluß mehrerer Bäche oder an ergiebigen Quellen.

Auch in Raeren lagen die ersten Siedlungen am fließenden Wasser, und zwar am Iterbach. An ihm reihten sich die Burgen, Mühlen und Häuser wie Perlen an einer Kette. Der Name Iter ist keltischen Ursprungs. Er ist Variante einer indogermanischen Bezeichnung für Wasser, Sumpf, Moor.

Das Quellgebiet der Iter liegt in der Nähe der alten Wegkreuzung Vennkreuz in einer Höhe von 375 bis 385 Metern. In alten Dokumenten und im Volksmund heißt es „Die Montjoier Tränke". Woher dieser Name? Alte Raerener, die den heimatlichen Wald gut kennen, haben mir auf diese Frage geantwortet: „Weil die aus dem Monschauer Land kommenden Fuhrleute hier ihre Pferde tränkten." Es war nämlich die einzige Tränke auf dem Weg zwischen Roetgen und Eupen.

An dieser Stelle herrschte viel Verkehr, besonders seitdem im Jahre 1768 von Vennkreuz nach Eupen eine feste Straße angelegt worden war, der sogenannte Schamesweg oder die Kornbahn. So hieß sie, weil sie dazu bestimmt war, den Transport des Getreides und der Kartoffeln vom Monschauer und Jülicher Land nach Eupen zu erleichtern. Über Vennkreuz führt auch der Oeslinger Weg, der alte Fernweg von Aachen über Reinartzhof in Richtung Süden.

Folgen wir jetzt der Iter auf ihrem Weg durch Raeren. Nach dem Verlassen des Waldes – in der Nähe von Neuforst – fließt sie durch das Tal zwischen Wald- und Pfaustraße. Am Fuße

Iter und Inde. Zeichnung: P. Emonts-pohl

des Kalverbergs erreicht sie den Ortsteil Neudorf, auch Altebach genannt. Hier trieb sie einst das Rad der Neudorfer Mühle. In der Nähe des Baches und des Waldes, der sich früher bis zur Pfau erstreckte, blühte die Töpferkunst. Entscheidend für die Anlage der Siedlung Neudorf wird auch die Tatsache gewesen sein, daß hier der Öslinger Weg, also die Nord-Süd-Verbindung, vorbeiführte.

Zwischen Neudorf und Pfarrkirche (heutige Bachstraße) befand sich früher kein Fahrweg. Die Fuhrleute mußten sich mit ihren Karren und Wagen durch das z.T. gepflasterte Bachbett quälen, bis sie in der Nähe von Tiliansweide wieder festen Boden erreichten.

Hierzu eine ergötzliche Begebenheit, die ich im Oktober 1975 aus dem Munde des damals 78jährigen Holzhändlers Hubert Falter aus Raeren erfuhr. Als Holzhändler kannte er in den umliegenden Wäldern jeden Baum und Strauch. Schon als kleiner Junge wurde er von seinem Vater, der auch Holzhändler war, mit in den Wald genommen. Aus dieser Zeit erzählte er:

„Wir waren mit einer Fuhre Holz (Faggen oder Glaterholz) nach Aachen unterwegs. Von Neudorf kommend, fuhren wir Richtung Tiliansweide. Die heutige Bachstraße bestand damals noch nicht; man mußte durch das Bachbett der Iter fahren. Unter dem Fuhrwerk hing das sog. Roostuch, ein sackartiges Tuch, das Proviant für Fuhrmann und Pferd enthielt. Vater hatte mich kleinen Bub in dieses Tuch gesetzt. Im Bachbett aber schleifte das Tuch durch das Wasser, und ich fühlte das kühle Naß an meinem Körper emporsteigen. 'Papa', schrie ich, 'ich sitze im Wasser!' Vater, der vorn auf dem Karrenbaum saß, schien jedoch meinen Hilferuf nicht zu hören. Ich war heilfroh, als wir bei Tiliansweide wieder an Land kamen."

Hier wechselt die Iter ihre Richtung und wendet sich nach Nordosten. In der Nähe der Pfarrkirche wird sie früher die Gräben der Burg Titfeld gespeist haben, von der heute nichts mehr zu sehen ist.

Durch die Frauen- und Bachbenden zieht sie dann zur Burg Raeren hin, wo sie auf der rechten Seite den Periolbach und ein wenig weiter den von Platz kommenden Schielbach empfängt.

Hier ist die wasserreichste Stelle Raerens. Kein Wunder, daß am Zusammenfluß der drei Bäche – und zudem an der linken Linie des Öslinger Fernweges – die erste Siedlung Raerens entstand mit den beiden Burgen. In der Nähe, auf Born und in der Heck, waren auch berühmte Töpfermeister tätig. Auch die Raerener Mühle lag hier in der Nähe der Burgen.

In vielen Windungen fließt der jetzt merklich breiter gewordene Bach dann an der Neumühle vorbei, durch das idyllische Heistal – in alten Dokumenten wird die Iter darum auch Heisbach genannt. Vor dem Weiler Mariental nimmt sie den von Belven kommenden Reybach auf, an der sog. Hütte (im Volksmund „an jen Hött") überquert sie die Landesgrenze.

Zu bemerken ist, daß die Iter auch hier siedlungsbildende Kraft gehabt hat. Schon die Römer erbauten an dieser Stelle, wo der alte Triftweg über den Bach führt, eine Villa, die sogenannte Schnellenburg, deren Ausgrabung noch immer auf sich warten läßt. Auch die Hämmer eines Eisenhüttenwerks mußte die Iter – vielleicht schon zur Römerzeit – hier in Schwung bringen.

Das Talgelände liegt hier an der Landesgrenze etwa 260 m über dem Meeresspiegel, so daß das Gefälle der Iter von der Quelle bei Vennkreuz bis zum Austritt aus dem Kanton Eupen 120 m beträgt.

Weiter fließt der plätschernde Bach zur Brandenburg, deren Wassergräben er früher speiste. Auch ein Mühlrad trieb er daselbst. Mit dem Weiler Sief wurde die Brandenburg 1921 von Raeren abgetrennt und kam an die Stadt Aachen, die das Gebiet als Wasserschutzgebiet erklärte.

Ein wenig weiter, an der sog. Eisenhütte, in der Nähe der neuen Eifelstraße, nimmt die Iter noch den von Raeren kommenden Orsbach, auch Siefbach genannt, auf. Jetzt ist ihr Lauf bald beendet. Sie durchfließt das malerische Tal zwischen Walheim und Nütheim, um dann bei Kornelimünster ihr Wasser und ihren Namen an die Inde abzugeben.

2. Die Inde

Die Inde ist den Raerenern bekannt durch das Heimatlied von Hubert Schiffer: „Wo die Ind' entspringt..." Auch sie erhielt ihren Namen zur keltischen Zeit. Das Wort „Inde" gehört zur allerältesten Schicht alteuropäischer Flußnamen in vorgermanischer Zeit. Es liegt ihm ein indogermanisches Stammwort zugrunde, das auch mit dem lateinischen Wort *unda*, Welle, verwandt ist.

Die Inde entspringt im Raerener Wald (Perschey) in einer Höhe von fast 380 Metern, auf der rechten Seite der Straße nach Petergensfeld. Als schmales Rinnsal fließt sie unter dem Bahngleis Raeren-Roetgen durch. Munter plätschernd, erreicht der inzwischen schon breiter gewordene Bach die Straße Raeren-Petergensfeld, wo er unweit der Fabrik Eurowool unter einer Brücke durchfließt, um dann seinen Weg durch den Baronswald zu nehmen.

Noch ist sein kristallklares Wasser ungetrübt. Zwischen Birken, Buchen und Fichten schlängelt er sich durch das romantische Waldtal, wo er durch weitere Quellen verstärkt wird. Bald überquert er die Landesgrenze und tritt in den Walheimer Wald, auch Münsterbusch genannt. Wir befinden uns hier im Gebiet der früheren Benediktinerabtei Kornelimünster, das man auch kurz das Münsterland zu nennen pflegt. Deshalb heißt die Inde auch Münsterbach.

Auf ihrem weiteren Lauf berührt sie Schmithof, Friesenrath und Hahn, während Walheim auf der Wasserscheide zwischen Iter und Inde liegt. Dann erreicht die Inde Kornelimünster, die geschichtlich bedeutendste Stätte des Landkreises Aachen. Geschichtliche Bedeutung hat die Inde erlangt, als Ludwig der Fromme um 815 an diesem uralten Bachübergang das Kloster Inda gründete. Der Ort behielt den gleichen Namen Inda bis zur Übertragung der Reliquien des heiligen Kornelius in das dortige Kloster. Von da ab hieß es „monasterium Sancti Cornelii ad Indam", d.h. Kloster zum hl. Kornelius an der Inde, kurz Kornelimünster.

Solche Orts- und Siedlungsnamen, die nach Flußläufen benannt sind, deuten jeweils auf alte, den Wasserlauf überquerende Verkehrswege. Inda oder Kornelimünster war in der

Tat der Dreh- und Angelpunkt der römischen Straßen, die sich von Aachen, Jülich, Monschau und aus dem Limburger Land kommend, hier an der Inde trafen.

Auch für die Industriestadt Eschweiler hat die Inde große Bedeutung gehabt. Dr. Walter Kaemmerer schreibt in seinem Werk „Eschweiler": „Ohne Frage war es die Inde, die auch für Eschweiler Anziehungspunkt und Kraftstrom der gesamten Siedlung gewesen ist."

Vor Jülich gibt die Inde ihren wohlklingenden Namen und ihr inzwischen trüb gewordenes Wasser an die Rur ab.

Als die Inde zum reißenden Strom wurde

Wer die Inde so ruhig und friedlich dahinfließen sieht, traut ihr keine tollen Streiche zu. Und doch ist sie einmal außer Rand und Band geraten und hat die Bewohner des Münsterlandes in Schrecken versetzt.

Es war an den Fastnachtstagen des Jahres 1906. Nach winterlichem Wetter war es plötzlich sehr mild geworden. Die dichte Schneedecke schmolz sehr schnell weg, was durch ergiebige Regenfälle noch begünstigt wurde. Diese plötzliche Schneeschmelze und der bis in die Morgenstunden des 27. Februar anhaltende Regen führten der Inde soviel Wasser zu, daß ihr Bett es nicht mehr fassen konnte. Sie wurde zu einem gewaltigen Strom, der lehmbraune Wogen weit über die Ufer wälzte. Angstvoll sahen die Bewohner der tiefer gelegenen Häuser und Gehöfte, wie das Wasser höher und höher stieg. Bald füllten sich die Keller und Erdgeschosse mit der schmutzigen Brühe. Mancherorts konnte das Vieh nur mit Mühe und Not gerettet werden. An Schlaf war natürlich nicht zu denken.

Besonders mitgenommen wurde die Abteikirche in Kornelimünster, die bekanntlich anderthalb Meter unter dem Marktniveau liegt. Die „Eupener Zeitung" vom 3. März 1906 berichtet darüber: „Durch das Austreten der Inde wurde Kornelimünster in der Nacht vom 26. auf den 27. Februar überschwemmt. Die herrliche Abteikirche, die jetzige Pfarrkirche, wurde ganz mit Wasser angefüllt. Am 27. um 5 Uhr morgens erreichte das Wasser darin eine Höhe von anderthalb Meter.

Alle Bänke, die Beichtstühle, die kleineren Altäre sind in dasselbe gestürzt. Wie groß der Schaden in der mit der Kirche in Verbindung stehenden Kornelius- und Benediktuskapelle ist, läßt sich noch nicht feststellen..."

Übrigens wurde auch Eupen in der gleichen Nacht von Hochwasser heimgesucht. Die „Eupener Zeitung" vom 3. März 1906 schreibt: „Daß es am Rosenmontag in diesem Jahr in Eupen zu Überschwemmungen kommen konnte, hätte sich noch gestern morgen wohl niemand träumen lassen. Die meisten Straßengänger nahmen denn die Hochflut erst am Spätabend wahr, als sie auf dem Heimweg verschiedene Straßen der Oberstadt plötzlich durch Hochwasser gesperrt fanden. Dieses schwoll immer stärker an und gegen 2 Uhr bildeten fast die ganze Gospertstraße, die Klötzerbahn und die untere Bergstraße einen wogenden See, der sein Wasser in zahllose Keller ergoß und stellenweise über 1 m tief war..."

Literatur: Buhlow: „Deutschlands geographische Namenwelt", Frankfurt a.M. 1965; Willems Bernhard: „Ostbelgische Chronik", Bd. 1, im Selbstverlag des Verfassers, 1948; Kaemmerer Walter: „Eschweiler und seine Geschichte", Bd. 1; Kohnemann Michel: „Die Flurnamen des Walhorner Landes", Bd. 1, 1961 (Masch. vervielfältigt).

Wo war das Vaterland unserer Vorfahren?

Vor 200 Jahren kein Vaterland im Sinne des modernenNationalstaates

„Wo war vor 200 Jahren das Vaterland unserer Vorfahren? Fühlten sie sich als Belgier oder als Deutsche ?"

Diese Frage ist schon des öfteren gestellt worden. Man kann darauf nicht ohne weiteres mit Ja oder Nein antworten. Ein Vaterland im Sinne der modernen Nationalstaaten gab es nicht. Es bestand kein Deutschland und kein Belgien im heutigen Sinne. Vaterland war für unsere Vorfahren das kleine Land Limburg, das seit der Schlacht von Worringen (1288) politisch nach Westen, nach Brabant, orientiert war. Kulturell und wirtschaftlich waren die Menschen des Eupener Landes von jeher eng verbunden mit der „freien Reichsstadt Aachen", die ein kleiner Staat für sich war. Überhaupt fühlten sie sich überall zu Hause zwischen Rhein und Maas. Man fand die Eupener auf den Märkten von Aubel, Clermont und Herve, sie wallfahrteten nach Aachen, Kornelimünster, Kevelaer und Maastricht. Es gab keine Grenze, weder auf Köpfchen, noch auch am Garnstock oder in Vaals.

Unsere „Hauptstadt" Limburg im Jahre 1575.
Zeichnung: P. Emonts-pohl

Hurra-Patriotismus, wie er im 19. Jahrhundert und auch noch im ersten Drittel unseres Jahrhunderts kultiviert wurde, war unseren Vorfahren vor 200 Jahren völlig fremd, wenn sie auch mit den Österreichern sympathisierten, den Vertretern des „Heiligen Römischen Reiches Deutscher Nation", das jedoch ein übernationales Gebilde war und viel von der Bedeutung eingebüßt hatte, deren es sich einmal im Hochmittelalter erfreuen konnte.

Besondere Sympathie für Österreich

1477 kam Brabant und damit auch das Eupener Land an das Haus Habsburg, also an Österreich, 1555 an die spanische Linie des Hauses Habsburg, 1714 wieder an die österreichischen Habsburger. Gerade diese letztere Zeit hat unsere Bevölkerung offenbar als eine glückliche empfunden. Noch im Jahre 1826 schreibt der damalige Bürgermeister von Hergenrath in der Gemeindechronik:

„Die Regierung der unvergeßlichen Kaiserin Maria Theresia nach dem Ende des Siebenjährigen Krieges (1763) war unstreitig die glücklichste Epoche für die Niederlande; und als diese große Fürstin im Jahre 1780 starb, verbreitete sich so große Trauer über das ganze Land, daß sie auf mich, trotz meines erst 16jährigen Alters, einen tiefen, unauslöschlichen Eindruck gemacht hat."

Als die Eupener Franzosen waren

Die 1792 einmarschierenden Franzosen lösten das alte Herzogtum Limburg auf und schlossen 1795 das Eupener Land – wie übrigens das ganze linksrheinische Gebiet – Frankreich an.

In Frankreich lernten die Bewohner unserer Heimat zum erstenmal einen modernen Nationalstaat kennen, der zeitweise sogar die Formen eines totalitären Regimes annahm. Es wurde ihnen befohlen, für diesen Staat alles zu opfern. Wie sie sich dagegen sträubten, habe ich bereits an anderer Stelle dargelegt. [1]

[1] V. Gielen: „Geschichtliche Plaudereien über das Eupener Land", Walhorn 1964, S. 40 ff.

Unsere Vorfahren atmeten auf, als die besiegten Franzosen im Januar 1814 den Rückzug antraten. Zwar hatte die napoleonische Herrschaft einen großen Aufschwung von Handel und Industrie gebracht; der Kaiser hatte für Ordnung und Disziplin gesorgt. Jedoch unser Volk war den ewigen Krieg müde. Auch junge Menschen unserer Heimat waren unter Spaniens rauchenden Trümmerstätten und Rußlands weiten Schneefeldern begraben worden. Jetzt würde endlich – so hoffte man – wieder eine Zeit der Freiheit kommen, wie man sie früher im Herzogtum Limburg gekannt hatte, eine Zeit ohne staatliche Spitzel und ohne Einberufungsbefehle.

Unter preußischer Herrschaft

Die Politiker hatten aber einen anderen Entschluß gefaßt. Aachen und das Eupener Land sollten Preußen einverleibt werden. Begeistert davon war man nicht. Viel lieber hätte man gesehen, wenn der österreichische Kaiser wieder seine Herrschaft bei uns angetreten hätte. Wohl wußten unsere Vorfahren, daß in Preußen Ordnung, Pflichtgefühl und Arbeitsamkeit herrschten, bekannt war aber auch, daß es ein Militärstaat von eiserner Disziplin war. Das paßte gar nicht zum freiheitlichen Geist unserer Vorfahren.

Das Eupener Land, das seit der Schlacht von Worringen (1288) politisch nach Brabant orientiert war, mußte sich jetzt umstellen. Es teilte nunmehr das politische Schicksal der Kaiserstadt Aachen, mit der es kulturell und wirtschaftlich schon immer verbunden war. Die Haltung Aachens den neuen Herren gegenüber ist auch für das Eupener Land kennzeichnend. In seinen Jugenderinnerungen schreibt der bekannte Diplomat Alfred von Reumont: [2]

„Faßt man die gesamte Lage und das ganze gegenseitige Verhältnis zusammen, so waren beide auskömmlich, aber weiter nichts. Die deutsche Gesinnung, zu keiner Zeit unterdrückt, erwachte mit Macht, für Preußen hatte man kein Gefühl. Die Gesinnung war recht eigentlich eine kaiserliche... Der Kaiser von Österreich war für die Aachener Bevölkerung noch längere Zeit der eigentliche Vertreter Deutschlands geblieben."

[2] Hermann Hüffer: „Alfred von Reumont" in „Annalen des Historischen Vereins vom Niederrhein", 1904, S. 55 ff.

Auch 1848 schwärmten die Eupener noch für Österreich. Das geht hervor aus einer Mitteilung des Eupener Landrats von Reiman an die Regierung Aachen (16.8.1848), in der es heißt:

„Die Idee von der Einheit Deutschlands hat hier noch nicht Wurzel gefaßt. Der hiesige schlichte Bürger- und Bauersmann ist vielmehr im allgemeinen der Meinung, daß durch die Wahl des Erzherzogs Johann zum Reichsverweser die hiesigen Lande wieder unter österreichische Herrschaft gekommen seien."

Der Stimmungsumschwung

Hatte Preußen in der ersten Hälfte des 19. Jahrhunderts im Rheinland kaum Sympathie gefunden, so trat in den sechziger und siebziger Jahren ein Umschwung ein. Das gilt auch für einen großen Teil der Bevölkerung des Kreises Eupen.

Diejenigen, welche im Herzogtum Limburg gelebt und die österreichischen Niederlande noch gekannt hatten, waren selten geworden. Eine neue Generation war herangewachsen, eine Generation, welche die früheren politischen Zustände nur vom Hörensagen her kannte. Und diese Generation hatte eine Schule besucht, die ihr das preußische Nationalgefühl eingeimpft hatte.

Viel zu diesem Umschwung trugen auch die militärischen Erfolge Preußens in den Jahren 1866 und 1870/71 bei. Unter Bismarck gelang es Preußen die Führungsrolle in Deutschland an sich zu reißen; nicht mehr Österreich, sondern Preußen sollte in Zukunft das Schicksal Deutschlands bestimmen. 1871 wurde in Versailles der preußische König von den deutschen Fürsten zum deutschen Kaiser proklamiert. Die Eupener waren jetzt nicht nur Preußen, sondern auch Angehörige des Deutschen Reiches.

Das Eupener Land kommt an Belgien

Die Niederlage Deutschlands im Ersten Weltkrieg sollte für den Kreis Eupen schwerwiegende Folgen haben. Auf der Friedenskonferenz in Versailles 1919 erhob Belgien u.a. Anspruch auf den Kreis Eupen. Engländer und Amerikaner stimmten der Abtretung schließlich zu unter der Bedingung, daß für das abzutretende Gebiet eine geheime Abstimmung unter direkter Leitung des Völkerbundes durchzuführen sei, in der die Bevölkerung ihren eigenen Wünschen hinsichtlich der Staatsangehörigkeit Ausdruck geben sollte.

Bekanntlich hat diese geheime Volksabstimmung nie stattgefunden. Am 20. September 1920 bestätigte der Völkerbund die Abtretung.

Die preußisch-deutsche Zeit, die 105 Jahre gedauert hatte, ging damit zu Ende. Politisch war das Eupener Land jetzt wieder nach Westen, nach Brüssel orientiert. Wenn es Deutschland auch viel zu verdanken hatte, es war nie von ihm verwöhnt worden. Aber in dieser langen Zeitspanne war es doch in diesen Staat hineingewachsen. Schwer wurde darum den meisten die Umstellung.

Inzwischen sind 70 Jahre ins Land gezogen. Nur noch wenige leben, die durch die deutsche Schule gegangen sind. Neue Generationen sind herangewachsen, welche die umwälzenden Ereignisse des Jahres 1920 nur vom Hörensagen kennen. Unsere Heimat, die im sprachlichen und kulturellen Bereich auch weiterhin an ihrer deutschen Eigenart festhält, ist in politischer Hinsicht in den belgischen Staat hineingewachsen. Bei dem wachsenden Verständnis, das man uns seit einiger Zeit im Innern des Landes entgegenbringt, haben manche Probleme eine befriedigende Lösung gefunden. Wir haben inzwischen den Rat der Deutschen Gemeinschaft und unsere eigene Exekutive.

Überhaupt ist man hüben und drüben bestrebt, den Nationalismus, der soviel Unheil mit sich gebracht hat, an den Nagel zu hängen. Man zeigt wieder mehr europäischen Geist, jenen Geist, der unsere Vorfahren vor 200 Jahren beseelte, als die Grenzen keine Schranken, sondern Berührungspunkte waren.

Eine Tropfsteinhöhle auf dem Blar in Raeren

Der Blar: Josef Pontens Ferienparadies

Was hier erzählt wird, hat sich in dem kleinen Weiler Blar abgespielt, der durch den in Raeren geborenen Schriftsteller Josef Ponten in die deutsche Literatur eingegangen ist. In seinem 1927 zu Leipzig erschienenen Werk „Aus deutschen Dörfern – Zwischen Rhein und Maas und an der Wolga" erzählt er:

„Wenn ich an diese ersten bis zum Ende der Kindheit in Aachen verbrachten Jahre zurückdenke, so denke ich fast nur – an Raeren. Denn in Raeren verlebte ich alle und die ganzen Ferien, die vielen schulfreien Festtage des katholischen Ka-

Am Blar. *Zeichnung: L. Duyster*

lenders und oft auch die Sonntage. In Raeren wohnten die Großmutter, Vaters Mutter, und alle Geschwister Vaters. Raeren ist ein großes Streudorf, das aus vielen Einzeldörfern und Weilern besteht. Die Großmutter wohnte in einem der kleinsten Weiler, der Blar hieß... Sie bewohnte ein vom Großvater erbautes schönes festes Steinhaus, das von Blumengärten umgeben und über und über mit Rosen und Kletterpflanzen bedeckt war. Eine bis zur Leidenschaft scheuerlustige Tante hielt es unter Bürste und Besen, und samstags schwamm das Haus und die Steindiele davor, „der Dörpel" in Strömen von Seifenwasser... Im Tale waren rauschende Tannen, tosende Wasserfälle, eine schwindelhohe Brücke. Auch jene unheimliche Gracht war da. Zum Besitztum der Großmutter gehörte ein geheimnisvolles Wäldchen, das über starrenden Blausteinfelsen stand, von denen einmal – o Graus! – eine verstiegene Kuh der Großmutter sich zu Tode stürzte... Da lag auch ein Spital, von jener herrlichen großen lebensvollen Schwester Helmtrudis als Oberin geleitet. Und im Spitalsgarten, am rauschenden Wehr des Baches, war die offene Sommer- und Naturkapelle mit einer Grotte aus Stalaktiten, in der die weiße Madonna von Lourdes, das blaue fliegende Band um den Leib, stand und vor der die engelhafte kleine Französin aus den Pyrenäen, Bernadette Soubirous, kniete. Und wie oft kniete ich selbst da und betete mit Helmtrudis und den anderen braunen Nonnen den Marienrosenkranz!

In der Landschaft des Tales war auch eine finstere, unergründlich tiefe Höhle, eine Karsthöhle, wie sie in Kalksteinländern häufig sind, aus der die Stalaktiten der Lourdesgrotte stammten..."

Die Tropfsteinhöhle

„Die unergründlich tiefe Höhle" von der Josef Ponten hier spricht, liegt hinter der Kreuzweganlage des „Spitals" wie Ponten es nennt. Heute ist daraus ein schönes freundliches Altenheim geworden, das den Namen „Marienheim" trägt.

In einem ehemaligen Steinbruch befindet sich dort der Eingang zur sogenannten „Zwerghöhle", wie die Raerener sie nennen. Durch einen schmalen Spalt kann man hineinkriechen, was allerdings nur unter sachkundiger Führung geschehen sollte.

Eingang zur Tropfsteinhöhle in Raeren. *Foto: P. Gillessen*

Bald hört man in regelmäßigen Abständen Tropfen fallen. Es handelt sich also um eine Tropfsteinhöhle. Die von der Decke fallenden Wassertropfen bringen jedesmal ein ganz klein bißchen Kalk mit, der sich unten absetzt. So haben sich im Laufe von vielen Jahrtausenden die Tropfsteine gebildet. Bei der Anlage der 12. Station des Kreuzwegs und der Lourdesgrotte in den Anlagen des Marienheims sind eine Reihe von ihnen herausgebrochen und verwertet worden. Besonders gut sind sie zu erkennen in der Nische auf der linken Seite der Grotte.

Meines Wissens ist diese Tropfsteinhöhle noch nie nach wissenschaftlichen Methoden untersucht worden. Ein Anfang wurde jedoch 1975 gemacht. Michael Jerusalem aus Eupen, Student der Geologie an der Technischen Hochschule Aachen, hat sich verschiedene Male in die Höhle begeben, einmal in Begleitung seines Professors. Die letzte Untersuchung machte er im Mai 1976. Er konnte 60 m weit in die Höhle vordringen. Er bestätigte mir, daß es sich tatsächlich um eine Tropfsteinhöhle handelt, die mehrere Gänge sowie einige Räume in der Größe eines kleinen Zimmers aufweist, wo man aufrecht stehen kann. Eine dieser Kammern wird im Volksmund das „Kapellchen" genannt. Auch ein kleines Gewässer mit kristallklarem Wasser wurde entdeckt.

Unangenehme Überraschungen

Verschiedene Raerener haben in dieser Höhle unangenehme Überraschungen erlebt. So wurde eines Tages – es muß in den zwanziger Jahren unseres Jahrhunderts gewesen sein – ein Insasse des Marienheimes mit Namen Johann Emonts vermißt: 24 Stunden lang blieb er spurlos verschwunden. Da erinnerte sich ein anderer, daß er ihn am Vortag Richtung Zwerghöhle hatte gehen sehen. Sollte er sich dort verirrt haben? So war es wirklich. Nicht weit vom Eingang fand man den völlig erschöpften Emonts. Er war ausgerutscht und hatte nicht mehr zum Ausgang zurückgefunden. Sein Hilferufen war ungehört verhallt. (Freundl. Mitteilung des Herr Jakob Rosskamp).

Ein schlimmes Ende hätte bald der Ausflug der Raerener Meßdienerschar zur Zwerghöhle genommen. Vom 28. Mai 1915 bis zum 16. April 1918 war in Raeren Kaplan Michael Litterscheidt angestellt. Eines Tages wollte er mit den Jungen die geheimnisumwitterte Höhle erforschen. Den jungen Menschen reizt ja das Abenteuer, und er verlangt danach, das Unbekannte zu entdecken und zu enträtseln.

So drangen sie denn in die Höhle ein. Zur Vorsicht hatten sie eine dünne Kordel mitgenommen, die sie am Eingang der Höhle befestigten und an der sich alle festhielten. Tiefer und tiefer ging es in die Höhle hinein. Staunend betrachteten die Jungen die vielen seltsam geformten Steine. Die Zeit verstrich schneller, als man gedacht hatte. Da! Auf einmal gab die Kordel nach! Entweder war sie zerrissen oder sie hatte sich losgelöst.

Da war guter Rat teuer. Wie sollte man jetzt zum Ausgang der Höhle zurückfinden?

Ratlos irrte man hin und her. Den Jungen und ihrem Begleiter kroch die Angst ins Herz.

Inzwischen waren die Eltern der Jungen in großer Sorge. Ihre Söhne mußten doch schon längst zurück sein. Schließlich begaben sich einige zur damaligen Oberin des Marienheims und fragten, ob sie die Vermißten irgendwo gesehen hätte. Die gute Schwester mußte es leider verneinen; auch sie hatte die Höhlenforscher nirgendwo erblickt. Sie kam jedoch auf einen guten Gedanken. Ob Herr Radermacher vom Blar nicht helfen kann? Es handelte sich um Matth. Hubert Radermacher, Vater von Leo Radermacher, der mir die Begebenheit erzählt hat. Es war gewiß ein guter Kenner der Gegend und wahrscheinlich auch der Höhle.

Herr Radermacher, der die Besorgnis der Eltern gut nachfühlen konnte, ließ sich nicht lange bitten. Er zündete seine Stallaterne an und schlug den Weg zur Höhle ein. Es war gegen 10 Uhr abends.

Mit dem brennenden Licht kroch er in den ersten Gang hinein, wo er sich durch lautes Rufen bemerkbar machte.

Ein freudiges Hallo antwortete ihm. So schnell wie möglich gingen die Jungen auf den Lichtschein zu und verließen erleichtert ihr unterirdisches Gefängnis.

Das Eupener Land
im Banne der Kaiserstadt

Das Aachener Marienstift als Lehnsherr im Eupener Land – Gemeinsame Nutzung des Reichswaldes – Die mittelalterliche Bevölkerung Aachens rekrutiert sich zu einem großen Teil aus dem Eupener Land – Eupener wirken am Aachener Dom

Durch Karl den Großen war Aachen zu einer einmaligen Stadt mit einer großen Anziehungskraft geworden. Wie konnte es anders sein, als daß auch das Eupener Land in ihren Bann geriet? Lag es doch unmittelbar vor den Toren der Kaiserstadt und war durch tausend Fäden mit ihr verbunden.

Im Jahre 1072 hatte Kaiser Heinrich IV. dem Aachener Marienstift den Königshof Walhorn geschenkt, d.h. das ganze Eupener Land (ohne die Stadt Eupen, Lontzen und Herbesthal). In der Schenkungsurkunde wird es als besonders wertvoll bezeichnet. Von diesem Zeitpunkt ab bezog das Marienstift einen großen Teil seiner Einkünfte aus dem Eupener Land. Bis zur Französischen Revolution unterstanden ihm eine Reihe von Lehnshöfen.

Jahrhundertelang besaßen Aachen und das Eupener Land den zwischen ihnen gelegenen Reichswald in gemeinsamer Verwaltung und gemeinsamer Nutzung.

Aachen ernannte den Forstmeister für das ganze Gebiet. Sehr wahrscheinlich mußte er jedoch aus den angrenzenden Banken Walhorn oder Montzen stammen. Seine Förster zusammen mit den Schöffen von Walhorn bildeten das Waldgericht.

In den Stadtrechnungen zum Jahre 1338 ist die Rede von einem Förster Udo von Hergenrath, 1373 wird ein Gerard von Liberme genannt. 1391 vernehmen wir, daß Seitz von Liberme Forstmeister des Rates der Stadt Aachen ist.

Die mittelalterliche Bevölkerung Aachens rekrutierte sich zu einem nicht geringen Teil aus dem Eupener Land. Das zeigen viele mittelalterliche Familiennamen, weiter die Aachener Schöffenlisten, die Verzeichnisse der Aachener Klostermitglieder[1] und nicht zuletzt die Zusammensetzung des Münsterkapitels vom hohen Mittelalter bis zur Französischen Revolution. Der Aachener Kaiserdom war nicht nur das Herz und der Mittelpunkt der Aachener, auch viele Eupener hatten hier ihre geistige Heimat und nahmen regen Anteil an den große Ereignissen, die sich hier abspielten, wie die Königskrönungen und die Heiligtumsfahrten. So wird in der Stadtrechnung von 1376 gemeldet, daß bei der Abholung des Königs Wenzel zur Krönung in Aachen die Herren der Stadt Aachen, das heißt Bürgermeister und Rat, in Begleitung von Eupener Speerreitern dem König entgegenritten. Die Eupener Speerreiter, d.h. speertragende Reiter, bildeten bei dieser Gelegenheit gleichsam die Ehrengarde.

Für die Eupener, die am Aachener Dom gewirkt haben, möge folgende Abhandlung über den aus Kettenis stammenden Konrad Hermann Cardoll stehen, der in schwerer Zeit das Amt des Domdechanten, heute würde man sagen des Dompropstes, bekleidete.

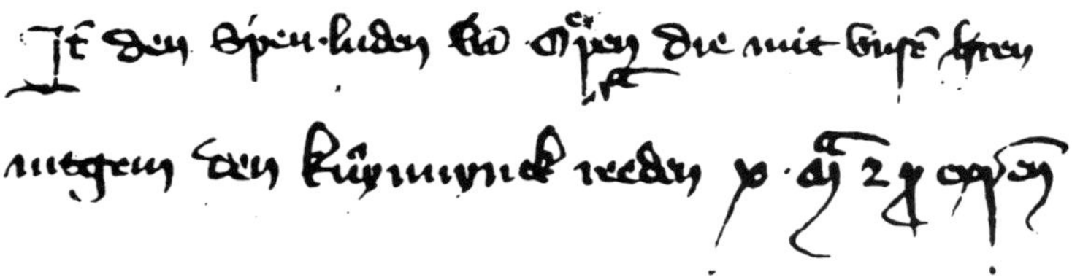

„Desgleichen den Speerleuten aus Eupen, die mit unseren Herren dem König entgegengeritten sind, 10 Mark."
Aus den Aachener Stadtrechnungen des Jahres 1376. (Stadtarchiv Aachen, RA J 12).

Eupener Speerreiter bilden die Ehrengarde für König Wenzel.

---

[1] Stellvertretend für die Aachener Klostergemeinschaften möge hier ein Auszug aus den Annalen des Klarissenklosters (1616-1787) stehen, aus dem hervorgeht, daß eine ganze Reihe von Schwestern aus dem Limburger Land kamen. So werden namentlich erwähnt:
1670: eine Tochter des Herrn von Walhorn
1683: Maria Theresia Urlings aus Eupen
1697: Maria Helena Ernst aus Hombourg
1701: Anna Katharina Mennicken aus Raeren
1705: Anna Barbara Goor aus Henri-Chapelle
1708: Maria Rosa Goor aus Henri-Chapelle
1737: Maria Anna Mennicken aus Raeren.

Konrad Hermann Cardoll aus Kettenis:
Aachens Domdechant in schwerer Zeit

Im Herbst 1818 stand die Kaiserstadt Aachen zwei Monate lang im Mittelpunkt der europäischen Politik. Nach dem Sieg über Napoleon hielten sich die verbündeten Hauptmächte – Österreich, Preußen und Rußland – fortan für den Frieden Europas verantwortlich. Sie vereinbarten, in persönlichen Zusammenkünften die Fragen zu lösen, welche die Sicherheit Europas beträfen.

1817 regte der österreichische Außenminister Metternich ein solches Treffen an und schlug als passenden Ort Aachen vor.

Im Herbst 1818 ist es soweit. Ende September treffen die Monarchen in Aachen ein: König Friedrich Wilhelm von Preußen, Zar Alexander von Rußland und Kaiser Franz von Österreich. Besonders begeistert wird der österreichische Kaiser begrüßt: Das Heilige Römische Reich Deutscher Nation lebt weiter in den Herzen der Aachener, wenn sie auch seit 1815 zu Preußen gehören.[2]

Begegnung Cardolls mit Kaiser Franz von Österreich im Aachener Dom

Über den Verlauf des Monarchenkongresses berichtet ausführlich der damalige Aachener Stadtarchivar Karl Franz Meyer in seinem 1819 erschienenen Buch „Aachen, der Monarchenkongreß 1818".

Die Monarchen nahmen an den Konferenzen der Diplomaten nicht teil; es wurden ihnen lediglich die Berichte zur Begutachtung vorgelegt, worauf sie ihre Entscheidungen trafen. So blieb ihnen viel Zeit und Muße zu Besichtigungen, Spaziergängen und Ausflügen in die Umgebung von Aachen. Am Mittwoch, dem 30. September, begibt sich Kaiser Franz zum Dom, um dort die berühmten Heiligtümer zu verehren, die alle sieben Jahre das Ziel vieler Wallfahrer sind. Am Eingang des Münsters wird er vom Klerus empfangen und in den

[2] Heute noch erinnern die Franzstraße, die Alexanderstraße und der Friedrich-Wilhelm-Platz an die Anwesenheit dieser drei Monarchen in Aachen.

Dom geleitet, wo König Friedrich Wilhelm ihn erwartet. Hier nun spielt sich folgende rührende Szene ab, über die Friedrich Haagen in seiner „Geschichte Aachens", Bd. II, S. 525, wie folgt berichtet:

„Der alte Dechant Konrad Cardoll ließ sich zur Kirche bringen. Hier umfaßte er, während Tränen seine Augen füllten, die Knie des Kaisers und fragte ihn ‚Erkennen Euere Majestät mich alten Mann noch? Ich habe Euerer Majestät, als ich die Reichsinsignien nach Frankfurt brachte, den Eid vorgelesen, den Euere Majestät als Mitglied des hiesigen Krönungsstiftes in meine Hände ablegten.' Der Greis vermag vor Rührung nicht weiter zu reden. Als der Kaiser sich dessen erinnerte und dem alten Mann die Hände drückte, sagte dieser: „Gern will ich nun zum Grabe fahren, denn meine Augen haben den Gesalbten des Herrn gesehen."

Cardoll: ein geborener Ketteniser

Das Aachener Marienstift, auch Krönungsstift genannt, hatte von alters her enge Beziehungen zum Eupener Land, besonders zur Bank Walhorn, zu der auch Kettenis gehörte. Wie schon oben gesagt, hatte Kaiser Heinrich IV. dieses Gebiet dem Marienstift geschenkt, das bis zur Französischen Zeit daselbst eine Reihe von Lehnshöfen besaß, so in Kettenis z.B. Liberme und Weims. Öfters standen Ketteniser Bürger im Dienste der Stadt Aachen und des Marienstifts. In der zweiten Hälfte des 18. Jahrhunderts war Johann Peter Wildt, Besitzer des Gutes Klein Weims, Einnehmer des Marienstifts.

Der Gutshof Hasenhof in Kettenis gehörte in der zweiten Hälfte des 18. Jahrhunderts dem Johann Theodor Cardoll, Magazinchef des Aachener Marienstifts.[3]

Hier auf dem Hasenhof erblickte Konrad Hermann Cardoll das Licht der Welt. Er war der Sohn von Jakob Cardoll und Maria Gertrud Wildt, Nichte des Wilhelm Wildt, Kanonikus am Aachener Marienstift. Wie aus dem Ketteniser Taufregi-

[3] Angehörige der Familie Cardoll haben in Kettenis des öfteren das Bürgermeister- oder Schöffenamt bekleidet. S. hierzu: Bernhard Heeren: Kettenis, Eupen 1977, S. 262 und S. 337.

ster (Stadtarchiv Eupen) hervorgeht, wurde er am 26. März 1741 in der Pfarrkirche von Kettenis getauft.

Wo der junge Cardoll seine Studien gemacht hat, ist aus den Akten nicht ersichtlich. Er entschied sich für den Priesterberuf. Erst 19 Jahre alt, erhielt er am 14. November 1760 die Domherren-Praebende seines am 13. Oktober 1760 verstorbenen Onkels Franz Wilhelm Wildt, Mitglied des Aachener Domkapitels.[4]

1766 wird er zum Priester geweiht, 1783 ist er Vize-Dechant und Kardinalpriester.[5]

Cardoll als Domdechant

Am 16. April 1787 wird Cardoll als Senior einstimmig vom Domkapitel zum neuen Dechanten gewählt.[6]

Im Protokoll der Wahl nennt man den neuen Domdechanten „einen Mann, der sich auszeichnet durch Umsicht, Klugheit, einen guten Lebenswandel, Gelehrsamkeit und Lebenserfahrung..."

Da das Marienstift zur Lütticher Diözese gehörte, lag die Bestätigung des neugewählten Dechanten in den Händen des Lütticher Bischofs. Nachdem Fürstbischof Hoensbroeck die erbetene Bestätigung gegeben hat, erfolgt am 7. Mai 1787 die feierliche Einführung des neuen Domdechanten. Wie es damals Tradition war, mußte der Neugewählte drei Festessen veranstalten: das erste für die Bürgermeister, den Stadtrat und die Domherren, das zweite für die Mitglieder der Aachener religiösen Gemeinschaften und das dritte für die Angestellten und Pächter des Marienstifts.

[4] Praebende: Den auf den einzelnen Kanonikus entfallenden Anteil an Vermögen und Einkommen. Heute ersetzt das Diensteinkommen das Vermögen.

[5] S. Guillaume Grondal: Kettenis, Notices historiques, Verviers 1966
.

[6] Domarchiv, Repertorium I, 4.

Schwierige Zeiten für den neuen Domdechanten

Die Wahl Cardolls fällt in die Jahre, da Aachen von schweren Parteikämpfen – Mäkelei genannt – erschüttert wurde. Diese Streitigkeiten der Aachener Bürgerschaft zogen auch das Marienstift und seine Insassen mehr oder weniger in Mitleidenschaft. Der friedliebende Cardoll sucht zu vermitteln. Zusammen mit dem Altbürgermeister Strauch und einigen anderen Männern wendet er sich am 3. Juli 1788 an die Kreisdirektorial-Gesandschaft und kaiserliche Kommission mit der Bitte, zwischen den streitenden Parteien einen Vergleich zustande zu bringen. Sie weisen auf den jammervollen Zustand der Entzweiung der Bürger unter sich und auf den daraus notwendig erfolgenden Ruin der Stadt hin.

Auch im Stift selbst gab es manche Mißstände. Heinrich Lichius schreibt dazu:[7]

„Mißstände, die von außen einwirkten und im Stifte emporwuchsen, machten sich trotz vieler Gegenmaßregeln geltend. Nicht zum wenigsten trugen dazu unruhige, herrschsüchtige, habgierige und eitle Mitglieder bei. Öfters standen sich ausgesprochene Parteien gegenüber, deren Meinungen manchmal hart aufeinander stießen. Dazu kamen noch im letzten Jahrhundert Gegensätze zu den Bischöfen von Lüttich und beständige Streitigkeiten mit Stadt und Magistrat. Allzu peinlich und kleinlich pochte das Stift auf Rechte, die im Mittelalter wohl begründet waren, für die aber die neue Zeit kein Verständnis mehr hatte."

Bald aber durfte Cardoll noch einige frohe Tage erleben. Er war anwesend bei den beiden letzten Kaiserkrönungen, der Leopolds II. (1790) und der Franz II. (1792) in Frankfurt, wo der neue Kaiser den Eid auf das Aachener Marienstift in seine Hände ablegte.

Unter französischer Herrschaft

Am 15. Dezember 1792 rückten die französischen Revolutionstruppen in Aachen ein, wo sie Winterquartiere bezogen.

[7] „Die Verfassung des Marienstiftes zu Aachen bis zur französischen Zeit", Zeitschrift des Aachener Geschichtsvereins, Bd. 37, S. 1 ff.

Alle kirchlichen Güter wurden unter Siegel gelegt. Aber nur zehn Wochen konnten sie bleiben. Am 2. März wurden sie von den Österreichern in der Schlacht von Aldenhoven geschlagen. Die Sieger wurden in der alten Kaiserstadt mit Jubel begrüßt. Dieser Jubel war jedoch verfrüht. Am 10. Juli 1794 marschieren die Franzosen wieder in Brüssel ein. Das Kriegsgetümmel rückt immer näher an Aachen heran. Im August besteht kein Zweifel mehr, daß es zu einer neuen Besitzergreifung der Stadt durch die Franzosen kommen wird. Panikstimmung breitet sich unter der Bevölkerung aus. Geht doch das Gerücht um, die Franzosen würden fürchterliche Rache an der Stadt nehmen, weil verschiedene Bürger beim Rückzug der französischen Armee im März 1793 zugunsten der Österreicher in den Straßenkampf eingegriffen hätten. Wer es eben ermöglichen kann, ergreift die Flucht über den Rhein.

Domdechant Cardoll ist in großer Sorge wegen der Kostbarkeiten des Münsterschatzes, u.a. der Heiligtümer und der drei Reichskleinodien, die sich noch in Aachen befinden. Das Kapitel beschließt darum, die Kostbarkeiten über den Rhein zu bringen und in einem Kapuzinerkloster zu Paderborn zu verstecken. Der Transport, an dem u.a. Domdechant Cardoll teilnimmt, geht am 24. Juli 1794 von Aachen ab, um am 1. August Paderborn zu erreichen. Kanonikus Blees bleibt als Wächter der kostbaren Schätze in Paderborn zurück, während die anderen Begleiter des Transports mit Domdechant Cardoll nach Aachen zurückkehren.

Unter Führung von Marschall Jourdan zogen die Franzosen am 23. September 1794 in Aachen ein, wo sie bis zum Januar 1814 bleiben sollten.

Am meisten empören die Aachener die glaubensfeindlichen Verfügungen der Franzosen. Blutenden Herzens muß Domdechant Cardoll zusehen, wie die ehrwürdige Münsterkirche verunstaltet wird. Schon am 27. September wird das Bleidach vom Münster abgetragen. Am 25. Oktober folgt der Abtransport des kostbaren Proserpina-Sarkophags. Auch der sogenannte „Wolf" und der Pinienzapfen aus der Vorhalle des Münsters nehmen den Weg nach Paris. Selbst vor den antiken Säulen des Münsters macht man nicht halt, 38 von ihnen werden weggeschleppt.

Mit dem linksrheinischen Gebiet wird auch Aachen der französischen Republik einverleibt. Durch das Konkordat vom 15. Juli 1801 wird der Friede zwischen der Kirche und Napoleon, dem Ersten Konsul der Republik, wiederhergestellt. Nach diesem Konkordat ernennt Napoleon die Bischöfe, die der Papst nur zu bestätigen hat.

Besonders für Aachen hat das Konkordat weitreichende Folgen. Das alte Erzbistum Köln wird aufgehoben und ein neues Bistum Aachen gebildet, das eine riesige Ausdehnung hat. Als erster Bischof zieht der Elsässer Marc Antoine Berdolet in Aachen ein, mit dem Cardoll jetzt zusammenarbeiten muß. Das alte Marienstift gehört der Vergangenheit an; stattdessen gibt es jetzt ein Kathedralkapitel. Am 9. November 1802 ernennt Bischof Berdolet den früheren Dechanten des Krönungsstiftes Konrad Hermann Cardoll zum Dekan des neuen Kapitels.

Die letzten Lebensjahre

Cardoll erlebte es noch, daß die von Napoleon gegründete Diözese im Jahr 1821 aufgelöst und das Erzbistum Köln wiedererrichtet wurde. In seinen letzten Lebensjahren war der alte Domdekan sehr abständig und leidend. Trotzdem unterließ er es nicht, jeden Morgen in aller Herrgottsfrühe am Muttergottes-Altar die heilige Messe zu feiern (Todesanzeige, Domarchiv). Der Muttergottes, die er besonders verehrte, hatte er im Jahre 1800 einen goldenen Kelch geopfert. In seinem Totenzettel (Diözesanarchiv Aachen) heißt es dazu: „Besonders groß war sein Vertrauen zur Gottesmutter, der er zum beständigen Denkmal seiner kindlichen Ergebenheit einen kostbaren goldenen Kelch zum Opfer brachte, wozu u.a. die zwei ihm als Kapitular-Abgeordneten zu den Krönungen der römischen Kaiser Leopold II. und Franz II. zuteil gewordenen goldenen Ketten und Denkmünzen verwandt wurden."[8]

Konrad Hermann Cardoll verstarb am 24. Juni 1822 im 82. Lebensjahr. In einer bedeutenden Zeitenwende hat dieser Sohn des Eupener Landes eine wichtige Rolle gespielt. Er hat es verdient, daß sein Andenken erhalten bleibt.

[8] Dieser Kelch wurde in der Nacht vom 26. auf den 27. Februar 1843 aus dem Domschatz gestohlen (Poll: Geschichte Aachens in Daten).

Der kulturelle Einfluß Aachens auf das Eupener Land

Auf die Ausstrahlungskraft Aachens ist es zurückzuführen, daß die Unterrichtssprache im Eupener Land stets Deutsch war, obschon die amtlichen Dokumente meist in brabantischer Sprache abgefaßt wurden. Auch im kirchlichen Bereich wurde Hochdeutsch gesprochen. Das geht klar hervor aus einem Dokument vom 14. Oktober 1737, dessen Abschrift sich im Walhorner Pfarrarchiv (Urkundenbuch) befindet. Darin heißt es u.a.:

„Die Bank Walhorn ist wie eine Enklave zwischen der Reichsstadt Aachen, dem Münsterland und dem Jülicher Land... Seit Jahrhunderten haben die Kinder und die Jugendlichen der Bank Walhorn die deutsche Sprache gelernt, und so ist es auch heute noch der Fall. Man hat hier immer gepredigt und Katechismusunterricht erteilt in deutscher Sprache. Alt und jung können die Gebete... nur auf deutsch."

Der starke kulturelle Einfluß Aachens zeigt sich auch an den alten Kunstwerken des Eupener Landes. Der Aachener Stadtbaumeister Mefferdatis entwarf die Pläne der St. Nikolauskirche in Eupen und der Pfarrkirche von Raeren. Der Italiener Moretti, der von Lüttich nach Aachen übergesiedelt war, zeichnete als Architekt der Kirchen von Lontzen, Gemmenich und des Kapuzinerklosters in Eupen. Johann Joseph Couven, der berühmte Aachener Architekt, lieferte den Entwurf zum prächtigen Hochaltar der Eupener St. Nikolauskirche und zur Kapelle in Nispert. Auch verschiedene Patrizierhäuser Eupens sind auf ihn zurückzuführen.

Wirtschaftliche Beziehungen

Bis zum Jahre 1920 war es hauptsächlich im Aachener Raum, daß die Landwirte des Eupener Landes ihre Milchprodukte absetzten. Schon im Jahre 1632 rühmt Johann Noppius, daß „auß dem Land von Limpurg gute Butter und Käß" nach Aachen kämen.

Auch in früheren Zeiten muß das Eupener Bier schon einen guten Ruf gehabt haben, so daß die Aachener Brauer sich gegen die Konkurrenz aus Eupen wehren mußten. In einem

Ratsedikt vom 31. Januar 1718, das im Druck verbreitet wurde, heißt es:

„Der Ehrbare und Hochweise Rat des Königlichen Stuhls und der heiligen Römischen Reichs freien Stadt Aachen hat vielfältige Nachteile verspürt für das Wohlergehen dieser Stadt durch die schier tägliche Einfuhr von fremdem Bier aus Eupen und anderen Orten. Deshalb hat er zur Erhaltung des hiesigen Brauereigewerbes... heute beschlossen, die Einfuhr aller fremden, auch des Hougart- und des Eupener Biers zu verbieten, was durch gegenwärtiges Edikt jedermann kundgetan wird."

Besonders intensiv waren die wirtschaftlichen Beziehungen zwischen Eupen und Aachen zur preußischen Zeit (1815-1920), als Eupen zum Regierungsbezirk Aachen gehörte und keine Grenze zwischen beiden Städten war. Besonders Wollballen und Tuch wurden von Eupener Fuhrleuten nach Aachen gebracht und dort in den Tuchfabriken abgeliefert. Außerdem sah man auf der Straße nach Aachen die Karren und Wagen der Bäcker aus Eupen, Kettenis und Raeren, Wagen mit Langholz aus Raeren, Holzhändler mit Schanzen- und Glaterholzfuhren, kunstvoll geladen und nach Metern berechnet für die Aachener Bäcker. Auch Karren mit halbfertig gegerbten Häuten fuhren von Raeren nach Aachen.

Viele Raerener Maurer, Pliesterer und Stukkateure arbeiteten im Aachener Raum. Bereits im Mittelalter lieferte Raeren in die benachbarte Stadt Aachen seinen vorzüglichen Blaustein, der auch später unter dem Namen „Maria-Theresia-Marmor" berühmt war.

Kirchliche Beziehungen

Bis zur Franzosenzeit gehörten sowohl Aachen wie auch Eupen zum Bistum Lüttich. Ab 1821 waren beide dem Erzbistum Köln eingegliedert. Viele Priester aus dem Eupener Raum haben damals im Kölner und Aachener Raum gewirkt, unter ihnen der in Eupen geborene Erzbischof Simar. Während des Zweiten Weltkriegs, als Eupen unter deutscher Verwaltung stand und die Beziehungen zu Lüttich unmöglich wurden, verwaltete das Bistum Aachen das Gebiet von Eupen-Malmedy. Die Priesteramtskandidaten fanden Aufnahme im Aachener Priesterseminar und wurden auch dort geweiht. Der Bischof von Aachen ernannte die Pfarrer und Kapläne für dieses Gebiet.

Seit 1944 ist wieder der Bischof von Lüttich zuständig. Doch erfährt die Seelsorge im Eupener Raum auch heute mannigfache Hilfe vom Bistum Aachen. Beide haben das gleiche Gesang- und Gebetbuch, auch im Eupener Raum findet die gediegene Aachener Kirchenzeitung interessierte Leser, gerne benutzt man auch das übrige Schrifttum, das vom Aachener Bistum oder von „Missio" oder „Misereor" herausgegeben wird.

Was unsere Vorfahren aus dem Eupener Land besonders anzog, waren die religiösen „Hochzeiten" wie man sie früher nannte. Unter ihnen stand die Aachener Heiligtumsfahrt an erster Stelle. Aus allen Dörfern und Städten unserer Heimat strömten die Menschen zu den „großen Heiligtümern", die alle sieben Jahre gezeigt wurden.

Josef Ponten schildert die Heiligtumsfahrt

In seinem Werk „Die Väter zogen aus" (Deutsche Verlagsanstalt 1934) hat der in Raeren geborene Schriftsteller Josef Ponten (gest. 1940 in München) in anschaulicher Weise – wenn auch in dichterischer Freiheit – die Stimmung wiedergegeben, die früher bei der Aachener Heiligtumsfahrt herrschte.

„Aber wieder wogte auf den Straßen, in der Kleinschlag aus blauen Kalksteinbrüchen eingeschottert war, unter dem trokkenen Himmel der Staub auf unter den Tritten von tausend Füßen. Nach Aachen! Nach Aachen! Auf Heiligtumsfahrt!

Manche Pilger hatten ein Wegopfer von zehn, von hundert und auch von tausend Stunden gebracht. „Sursum corda!" Empor die Herzen! sangen die Wallfahrer und ermunterten ihre eigenen. Nur in bewegter und erhobener Brust werden die Wunder des Gewissens, der Einsicht und des Entschlusses getan. Das Herz in Ruhe steht ab wie ein vergessener Wein im Glase.

Wenn die Menschen sich nur leichter auf den Weg machen wollten! Wenn sie der heiligen Unruhe mehr gute Gelegenheit bereiten würden! Sitze, ja du wirst keine Sohlen verschleißen, aber auch nicht mit bestaubten Schuhen eines Morgens vor einer Stadt mit goldenen Toren stehen...

Im Dorfe Eynatten, wo die Straßen von Eupen, Raeren und Kornelimünster zusammenliefen, war bereits großes Gedränge von Händlern und Geschäftemachern. Zeitweise staute es den Pilgerstrom auf. Aber in Menschengebrumm und Händlergeschrei auf der Dorfstraße setzten die Geistlichen ihren lateinischen Preisgesang, stark von schönen Tenören gesungen, fort, der nun von Christi Bahrtuch handelte:

Atque rubens illa vestis
in quam Christi sanguis testis,
dum nudum tegit, funditur...

Alles aber, Geistlichenchor, Dorflärm und Pilgerunruhe, überbrauste schon hier, weit vor den Toren, der plötzlich angestimmte Choral:

Aachen, Ruhm der Königsstädte...
Urbs aquensis, urbs regalis,
regni sedes principalis,
prima regum curia...
erster Königshof im Reich...

Ein solches Gedränge war am Ausgang von Eynatten, dort, wo die Wasserburg steht, daß kaum durchzukommen war. Am Rain der Straße saßen Ausruhende, das strahlende Vieh der Eynattener kam aus der Wiese heran, zagend und neugierig, und bestarrte aus feuchten, runden, gatterigen Augen die Fremden.

Plötzlich nahmen die Rinder ohne Grund, die Schwänze hoch erhoben, Reißaus.

„...prima regum curia..." brauste in der aachenwärts geschobenen Menge der Stadthymnus auf, und die beiden Wanderer sangen ihn, angesteckt von der Tonpracht und Feierlichkeit der Melodie, bereits mit.

Plötzlich – lag Aachen in breiter Mulde da, sanft umrahmt vom Kranz der Hügel, eine hunderttürmige Stadt. Lag da tausendjährig und brauste doch von lebendigem Jetzt. Aus den Kaminen stieg der Rauch der eben für diesen Abend eines Frühlingstages des Jahres 1762 angezündeten Herde. Und aus öffentlichen Brunnen und Erdklüften wölkte es rein und weiß von den mächtig dampfenden heißen Quellen.

... Um Christian herum atmete erregt, blickte bewegt, schnaubte, betete, sang die Menge. Von dem Platze, auf dem das Münster liegen mochte, um die Ecke herum kam der großartig eintönige und herausfordernde Klang von Tausenden von Aachhörnchen. Die Dächer der hohen schmalen Häuser waren mit Menschen besetzt. Christian sah, wie die Häuser alle, aufgereckt und hochgebaut, gleichsam die Hälse gestreckt hielten. Die Dächer waren flach und mit Gittern umgeben. Wo es nur einen Blick aufs Münster gab, war ein Fenster oder ein Balkon da, und es lehnten sich Menschen in den Fenstern, standen auf den Balkonen ...

Die Stadt raunte, rauschte, brauste ...

Tauben flogen über den vollgestopften Platz und die Straße, es saßen andere auf dem weißen Sims der Ungarischen Kapelle ..."

Woher hat der Reinart seinen Namen?

Seit 1920 gehört der Reinart, jene bedeutende Kulturstätte im Hohen Venn, zum Kanton Eupen. Seit altersher mit Roetgen, Mützenich und Konzen verbunden, bedeutete dies für die dort ansässigen Menschen eine Umstellung, die sie jedoch nicht allzu tragisch nahmen, da die neue Grenze keine unüberwindliche Schranke bildete.

Inzwischen ist der weltabgelegene Weiler von der Bildfläche verschwunden, und auf den fruchtbaren Wiesen triumphieren die Fichten. Wie kam es dazu? In einem Königlichen Erlaß vom 26. Juni 1958 hieß es: Da die Siedlung Reinartzhof im Einzugsgebiet der Wesertalsperre liegt und demnach die Gefahr der Wasserverschmutzung besteht, wird sie enteignet und muß geräumt werden. Innerhalb von drei Jahren, also bis 1961, müssen die Einwohner ihre Höfe verlassen. Alle Eingaben und Reklamationen waren erfolglos. Schweren Herzens mußten sich die Landwirte fügen und zogen ab ... der letzte erst 1971. Ihre Höfe wurde in Brand gesteckt, und was das Feuer verschont hatte, sank unter Spitzhacke und Planierraupe in Trümmer. Die 64 Hektar Wiesenland wurden aufgeforstet.

Forstmeister Letocart regte an, das Andenken an die ehemalige Siedlung durch eine Kapelle festzuhalten. Es waren die Raerener Pfadfinder, welche diese glückliche Idee aufgriffen und in die Tat umsetzten. Die am 9. Dezember 1972 verstorbene Künstlerin Maria Hasemeier-Eulenbruch hatte kurz vor ihrem Tod für die neue Kapelle eine Marienstatue gestiftet. Alljährlich findet am Pfingstmontag vor dieser Kapelle eine Feierstunde statt, an der sich ungefähr 500 Personen beteiligen. Aber auch während des Jahres vergeht kaum ein Tag, an dem nicht stille Beter die geschichtsträchtige Stätte des Reinart aufsuchen und vor dem Bilde der Gottesmutter eine Kerze anzünden.

Die wechselvolle Geschichte des Reinart haben wir schon behandelt.[1]

---

[1] V. Gielen: Das Kreuz der Verlobten. 5. Auflage, Grenz-Echo Verlag, Eupen 1987.

Hier möchten wir nur die Frage beantworten, wie der Reinart zu seinem Namen gekommen ist.

In einem Aachener Weistum des Jahres 1424 heißt es „St. Reynart in der Eyffel". Das Hospiz auf dem Reinart wurde also in Verbindung mit einem Heiligen gebracht. Man kann es in die Zahl der religiösen Hospize einreihen, mit denen im Mittelater die schneebedeckten Gebirgszüge und Pässe besetzt waren, etwa auf dem Großen und Kleinen St. Bernhard sowie auf dem St. Gotthard zwischen der Schweiz und Italien.

St. Reinhard (Reginhard) wurde wahrscheinlich in Lüttich geboren. Er war eng befreundet mit dem Kölner Erzbischof und Kanzler Heribert. Dieser ernannte ihn zum Kanonikus am Kollegiatsstift St. Kassius in Bonn. 1025 wurde er von Kaiser Konrad II. zum Fürstbischof von Lüttich bestellt. Es war die Zeit, wo viele Bischöfe nicht nur das Amt des geistlichen Oberhauptes, sondern auch des Landesfürsten ausübten. So war es auch in Lüttich. Der deutsche König ernannte den Fürstbischof von Lüttich und führte ihn durch Überreichung von Ring und Stab in das geistliche und weltliche Amt ein, ein Brauch, der später zum sog. „Investiturstreit" führte.

In seiner Amtszeit hat Reinhard sich durch seelsorgerischen Eifer und tätige Nächstenliebe ausgezeichnet. Während der großen Hungersnot, die im Jahre 1026 Scharen von Flüchtlingen aus den Westgebieten nach Lüttich strömen ließ, hat er dreihundert von diesen Unglücklichen aus persönlichen Mitteln und aus denen der Bürgerschaft Nahrung und Unterkunft gewährt.

Lüttich verdankt Reinhards Initiative den mit großen Kostenaufwand bewirkten Bau der ersten festen Brücke über die Maas (Pont des Arches). Sie bildete künftig eine große Erleichterung für die Reisenden. Überhaupt rühmt seine Lebensgeschichte besonders die großen Verdienste, die er sich um den Reiseverkehr im Gebiet von Maas und Ourthe durch die Anlage von Brücken und Wegen erworben hat.

Bischof Reginhard starb am 5. Dezember 1037 und fand sein Grab in der Lütticher Abtei St. Laurentius. Die Grabinschrift nennt ihn „Zierde der Kirche und Spiegel der Weisheit".

Der Ruhm Reinhards wird auch bis Aachen gedrungen sein, das damals zum Bistum Lüttich gehörte. Die Brüder auf dem Reinart übten ihr Amt im Auftrag der Stadt Aachen aus. Wen wundert es, daß sie St. Reinhard zum Schutzpatron ihres Hospizes wählten? Waren ja auch sie da, um tätige Nächstenliebe zu üben, um den Pilgern und Reisenden auf ihrem beschwerlichen Weg über das Hohe Venn zu helfen, und zu diesem Zweck auch die Wege und die Weserbrücke zu unterhalten, wie es aus den Aachener Stadtrechnungen der Jahre 1338 und 1344 hervorgeht (Stadtarchiv Aachen).

Quellen: Werner Promper: „Reginhard - Zierde der Kirche" in „Kirche und Leben", Münster, Nr. 51, 18. 12. 1988, Seite 6.
Harry Breßlau: Jahrbücher des Deutschen Reiches unter Konrad II. Leipzig 1879, S. 87-89 und S. 278-282).

Erzbischof Simar.

Warum wurde Erzbischof Simar nicht Kardinal?

Das Andenken an den aus Eupen stammenden Kölner Erzbischof Theophil Hubertus Simar ist auch heute – nach fast hundert Jahren – noch lebendig. Die Stadt Eupen hat nach ihm eine Straße benannt und an seinem Geburtshaus Ecke Aachener Straße-Rathausplatz eine Gedenktafel angebracht mit folgender Inschrift:

In diesem Hause wurde am 14. Dez. 1835 geboren
Hubertus Simar
Doktor und Professor der Theologie
weiland Erzbischof von Coeln
† 24. Mai 1902

Wer diese Gedenktafel aufmerksam betrachtet, dem fällt etwas auf: Warum steht da nur Erzbischof von Köln und nicht Hubertus Kardinal Simar, Erzbischof von Köln? So ist es doch üblich bei den Kölner Erzbischöfen. In der Tat: Hubertus Simar blieb als einziger der Kölner Erzbischöfe der letzten 140 Jahre die Kardinalswürde versagt. Wo liegen die Gründe dafür?

Staatskirchentum im preußischen Staat

Wenn heutzutage in Köln eine Erzbischofswahl ansteht, schlägt der Papst dem Domkapitel – in Köln Metropolitankapitel genannt – drei Namen vor. Das Domkapitel entscheidet sich dann für einen der drei Kandidaten. Kann das Domkapitel sich für keinen der drei Kandidaten entscheiden, mit anderen Worten bekommt keiner bei der Wahl die Mehrheit, hat der Papst das Recht, den Erzbischof zu ernennen. Von staatlicher Seite wird nur verlangt, daß der Gewählte politisch zuverlässig sei; weiter wird von dieser Seite kein Einfluß auf die Wahl ausgeübt.

Ganz anders war es im 19. Jahrhundert. Nicht nur bei der Kurie in Rom[1] war man sehr an dieser Wahl interessiert und

[1] Kurie: Die Gesamtheit der im Namen des Papstes für die Leitung der katholischen Kirche in Rom tätigen Behörden.

suchte sie zu beeinflussen, auch die Regierung in Berlin übte Druck aus.

Das Staatskirchentum – d.h. ein Kirchenwesen, wo der Staat die Hauptrolle oder doch eine sehr wichtige Rolle spielt – war noch längst nicht erloschen. Die Kirche ihrerseits suchte mehr und mehr ihre Unabhängigkeit zu erkämpfen. Höhepunkte in diesem Ringen waren das sog. „Kölner Ereignis", d.i. die Verhaftung des Kölner Erzbischofs Droste-Vischering im Jahre 1837 und der sogenannte „Kulturkampf" (1871-1887).[2]

Wenn auch seit 1887 der kirchenpolitische Friede wiederhergestellt war, gab es doch im preußischen Staat keine Bischofsernennung ohne die Einwilligung des Königs bzw. des Kaisers. Vor der eigentlichen Wahl mußte das Domkapitel bei der Regierung eine Kandidatenliste einreichen, auf der der König, bzw. der Kaiser die ihm nicht genehmen Kandidaten streichen konnte. Der Wahlkommissar – meist war es der Oberpräsident der betreffenden Provinz – zog zu diesem Zweck Informationen über die vom Domkapitel vorgeschlagenen Kandidaten ein. Eine wirklich freie Bischofswahl hat es darum im 19. Jahrhundert in Köln nicht gegeben.

Wer wird Nachfolger von Kardinal-Erzbischof Krementz? – Simar Kandidat der Regierung

Schon lange vor dem Tod des altersschwachen Kardinal-Erzbischofs Dr. Krementz liefen zwischen Berlin, Koblenz, Köln und Paderborn die Drähte heiß. Die Regierung setzt alle Hebel in Bewegung, um ihren Kandidaten auf den Kölner Erzstuhl zu bringen. Und ihr Kandidat ist der aus Eupen stammende Theophil Hubert Simar, langjähriger Professor an der Universität Bonn und seit 1891 Bischof von Paderborn. Gesprächspartner auf Regierungsebene waren Oberpräsident Nasse von Koblenz, Oberpräsident Studt von Paderborn, Regierungspräsident Richthofen von Köln – der zum Wahlkommissar ernannt wird – Reichskanzler Fürst Chlodwig zu Hohenlohe und nicht zuletzt Kaiser Wilhelm II., dessen Urteil ausschlaggebend war.

---

[2] S. V. Gielen „Aachen im Vormärz" Eupen 1983, S. 60 ff. und V. Gielen „Aachen und Eupen unter dem Eisernen Kanzler" Eupen 1984, S. 74 ff.

Simar war befreundet mit dem Zentrumspolitiker Georg Freiherr von Hertling.[3] Auch dieser hoffte sehr, die Wahl möge auf Simar fallen. In einem Brief aus Berlin, wo er seit Mai 1899 weilte, schrieb er seiner Mutter:

„Gestern besuchte ich den Reichskanzler. Er interessierte sich natürlich für die Straßburger Sache[4], augenblicklich aber liegt ihm die Kölner Erzbischofswahl sehr am Herzen. Hier wünscht man sich sehr, daß Simar gewählt werde; ich wünsche es natürlich auch im Interesse der Sache, befürchte aber, daß die Domherren stutzig werden, wenn der Wunsch der Regierungskreise verlautet ...[5]"

In der Tat war man auf Diözesanebene nicht restlos begeistert von Simar. Eduard Hegel schreibt in seinem kürzlich erschienenen Werk „Das Erzbistum Köln zwischen der Restauration des 19. Jahrhunderts und der Restauration des 20. Jahrhunderts 1815-1962", Köln 1987, S. 92:

„Das Urteil über den Paderborner Bischof war im allgemeinen günstig, auf staatlicher Seite uneingeschränkter als auf Diözesanebene; hier fanden seine kirchenmusikalischen Reformen und seine als übertrieben bezeichnete Loyalität gegenüber Staat und Kaiserhaus Widerspruch. Die Regierungsbehörden dagegen waren von seinen Umgangsformen... angetan, besonders aber von seinem Entgegenkommen in der schwierigen Polenfrage; es ging darum, national-polnische und politisch tätige Priester in der Seelsorge bei den zahlreichen Polen im Ruhrgebiet durch deutsche Priester zu ersetzen, die der polnischen Sprache mächtig waren ..."

Was Oberpräsident Studt von Paderborn seinem Kollegen dem Oberpräsidenten Nasse in Koblenz schreibt, bestätigt

---

[3] Hertling, Georg Freiherr von: Deutscher Philosoph und Politiker (1843-1919). Mitbegründer der Görres-Gesellschaft. 1917/18 deutscher Reichskanzler und preußischer Ministerpräsident.

[4] Soeben hatte Hertling wegen der beabsichtigten Gründung einer kath.-theol. Fakultät in Straßburg eine Reise an den Rhein gemacht und bei verschiedenen Bischöfen vorgesprochen.

[5] Georg von Hertling: „Erinnerungen aus meinem Leben", Kempten München 1920, Bd. 2, S. 246.

dieses Urteil: „Ich halte Simar nach wie vor für einen edlen Charakter mit dem Bestreben, den staatlichen Interessen angemessen Rechnung zu tragen – wie er dies durch seine feste Haltung in der für Westfalen immer dringender werdenden Polenfrage bewiesen hat – verbindet er eine patriotische Haltung, die sich bei festlichen Veranlassungen ... in angenehmer Weise bemerkbar macht ... Jedenfalls ist er einer der bestgesinnten höheren geistlichen Würdenträger, dabei geistvoll und verbindlich im persönlichen Verkehr."

Man kann Norbert Trippen nur beipflichten, wenn er dazu schreibt:

„An Studts Stellungnahme über Simar wird beschämend deutlich, nach wie eng begrenzten Gesichtspunkten die preußischen Behörden in der Zeit nach dem Kulturkampf ihre Meinung über einen katholischen Bischof bildeten. Für das Urteil des westfälischen Oberpräsidenten über Simar waren seine vorsichtige Haltung in der Polenfrage im Ruhrgebiet und einige Kaiser-Geburtstagsreden entscheidend und erwirkten dem Bischof das Etikett: patriotisch."[6]

Eine schwierige Wahl

Am 13. Mai 1899 – eine Woche nach dem Tode des Erzbischofs Krementz – wurde Regierungspräsident Richthofen zum Königlichen Kommissar für die Neuwahl eines Erzbischofs von Köln ernannt. In vertraulichen Gesprächen mit Mitgliedern des Domkapitels sollte er darauf hinwirken, daß nur der Regierung genehme Persönlichkeiten auf die Kandidatenlisten kämen.

Auf der Sitzung des Domkapitels vom 23. Mai wurde die Kandidatenliste aufgestellt. Fünf Kandidaten wurden ermittelt: Bischof Dingelstadt (Münster) – Weihbischof Dr. Anton Fischer (Köln) – Bischof Dr. Hubert Theophil Simar (Paderborn) – Weihbischof Joseph Schmitz (Köln) und Bischof Dr. Paul Wilhelm Keppler (Rottenburg).

---

[6] Norbert Trippen: „Das Domkapitel und die Erzbischofswahlen in Köln 1821-1929", Köln Wien 1972, S. 289.

Noch am gleichen Tag legte Dompropst Berlage diese Wahlliste dem Regierungspräsidenten Richthofen vor. Oberpräsident Nasse leitete sie dem Kaiser zu. Auch an die Kurie in Rom wird die Wahlliste gesandt. Auf den Rand des Berichtes an die Kurie hat der Kaiser geschrieben: „Nur Simar oder Keppler! Aber lieber Simar."

Monatelang wurde nunmehr debattiert und verhandelt, bis der Kaiser am 3. Oktober 1899 Simar, Keppler und Fischer zur Wahl zuließ. Aber es gab nicht viel zu wählen! Bischof Keppler war nicht geneigt, von Rottenburg nach Köln zu kommen, und Weihbischof Dr. Fischer kam bei der Regierung nicht in Frage. Als Studt am 6. Oktober Richthofen die kaiserliche Entscheidung mitteilte, fügte er hinzu: „Zu Ihrer ausschließlich persönlichen Information bemerke ich, daß wenn der Weihbischof Dr. Fischer allerhöchster Ort unbeanstandet geblieben ist, dies in der Erwartung geschehen ist, daß die Wahl in keinem Falle auf ihn fallen werde. In vorsichtiger und unauffälliger Weise können Sie bei den Ihnen zugänglichen, staatsfreundlichen Mitgliedern des Metropolitankapitels durchblicken lassen, daß man Fischers Wahl für ausgeschlossen, diejenige des Bischofs Simar jedoch für gesichert ansehe."

Am 24. Oktober nahm das Domkapitel die Wahl vor. Gleich im ersten Wahlgang erhielt Simar elf von fünfzehn Stimmen. Der eigentliche Wahlakt dauerte nur zehn Minuten. Erleichtert atmeten alle – Regierung und Domkapitel – auf.

Da tauchte ein neues Hindernis auf. Simar, der inzwischen ganz mit der Diözese Paderborn verwachsen war, hatte keineswegs nach dem Kölner Erzstuhl getrachtet. Als am Tag nach der Wahl eine Delegation des Domkapitels nach Paderborn reist, um ihn um Annahme der Wahl zu bitten, erklärt Simar, die Stelle in Köln sei für ihn zu schwer, und überhaupt, er werde die Wahl nur unter zwei Bedingungen annehmen:

1. Müsse der Papst dies ausdrücklich wünschen;
2. müsse der preußische Kultusminister den katholischen Charakter der theologischen Fakultät in Bonn wiederherstellen dadurch, daß er die altkatholischen Professoren entlasse.

Beide Bedingungen wurden erfüllt. Anfang Dezember 1899 traf die Nachricht ein, der Papst sei mit der Wahl einverstanden. An der Bonner Universität wurden die altkatholischen Professoren entlassen. Simars Ernennung zum Erzbischof von Köln erfolgte am 14. Dezember 1899. Am 8. Februar 1900 legte er vor Wilhelm II. in Berlin den staatlichen Treueid ab. In seiner Ansprache an den Kaiser unterlief ihm eine ungeschickte Wendung, als er von des Kaisers „huldvollem Vertrauen" sprach, das ihn nach Köln „berufen" habe.

Als die Presse zwei Tage später den Text dieser Ansprache veröffentlichte, kritisierte der Zentrumsabgeordnete Karl Bachem die von Simar gebrauchte Formulierung und erklärte, der Kaiser habe nicht das Recht zu „berufen", er dürfe lediglich die ihm nicht genehmen Persönlichkeiten auf der Wahlliste streichen.

Die „Eupener Zeitung" ihrerseits ersetzt das Wort „berufen" durch „bestätigen", wie aus folgendem Bericht hervorgeht:

Berlin. – Heute Donnerstag nachmittag um 12 3/4 Uhr leistete Erzbischof Dr. Simar in Köln, der zu diesem Zweck von einer königlichen Hofequipage an seiner hiesigen Wohnung abgeholt worden war, im Rittersaal des hiesigen königlichen Schlosses den vorgeschriebenen Eid, welchen der Kaiser entgegennahm. Vor der Eidesleistung stattete der neue Erzbischof in einer Ansprache an den Kaiser seinen Dank für die Bestätigung der Wahl ab. Nach der Eidesleistung sprach der Kaiser dem Erzbischof gegenüber die Zuversicht aus, daß der hochwürdigste Herr gleicherweise wie in Paderborn so auch das neue Amt mit gleichem Segen für Staat und Kirche zu führen wissen werde... („Eupener Zeitung", 10.2.1900).

Feierliche Einführung Simars in Köln – Starke Vertretung aus Eupen

Am 20. Februar 1900 war der Tag der feierlichen Inthronisation im Kölner Dom. An der Spitze des langen Prozessionszuges marschierten 17 Eupener Vereine mit 200 Teilnehmern, die mit der Eisenbahn nach Köln gekommen waren. Sie wurden angeführt von Oberbürgermeister Theodor Mooren und dem Zentrumsabgeordneten Andreas von Grand/Ry. Erzbischof Simar empfing seine Landsleute aus Eupen in einer Sonderaudienz, über die die „Eupener Zeitung" am 24.2.1900 berichtet:

Nachmittags 1/2 6 Uhr versammelten sich die Eupener Deputationen in der Maria-Himmelsfahrtskirche und zogen von dort unter Vorantritt einer Musikkapelle zum erzbischöflichen Palais, um in einer Privataudienz dem neuen Erzbischof das Geschenk seiner Heimatstadt zu übergeben. Die Vereine nahmen in dem weiten Flur des Palastes Aufstellung, wo sie der hochwürdigste Herr Erzbischof empfing.

Herr Oberpfarrer Beys führte aus, wie bei dem freudigen Empfang, den die Erzdiözese Köln ihrem Oberhirten bereite, Hochdesselben Vaterstadt Eupen sich am meisten freue. Sofort, als die Kunde von der Erwählung des hochwürdigsten Herrn Erzbischofs nach Eupen gekommen, sei in allgemeiner Freude die Stadt festlich geschmückt worden. Als der Tag der Inthronisation gekommen, habe es die Eupener in der Heimat nicht mehr gehalten, zahlreich seien sie nach Köln geeilt, um dem Hochwürdigsten Herrn ihre Anhänglichkeit und Liebe persönlich zu bezeugen, ihre Freude spiegele sich in ihren Gesichtern, strahle in ihren Augen ...

Herr Bürgermeister Mooren sprach im Namen der ganzen Stadtgemeinde und der Stadtverordnetenversammlung, in deren Auftrag er die Gefühle der Liebe und Dankbarkeit übermittelte ...

Herr Fastre sprach als Senior der Vereine und als Vorsitzender der Festkommission und überreichte im Namen der Eupener Katholiken die Geschenke der Eupener Bürgerschaft, welche mit größter Freude vom hochwürdigsten Herrn in Empfang genommen wurden.

Der hochwürdigste Herr dankte von ganzem Herzen für die große Liebe, welche ihm von Eupen aus erwiesen worden sei. Er sei ganz überrascht gewesen, als er die große Anzahl der Vereine gesehen, die aus Eupen herübergekommen sei, und wisse nicht, wie er seinen Dank für soviel Liebe aussprechen solle. Alles Gute, so fuhr der Herr Erzbischof fort, verdanke ich der Gnade Gottes; es ist ein Geschenk des Herrn, welcher die Gebete der Eupener Landsleute erhören möge zum Heile und Segen aller. Auf das Bekenntnis des treuen Glaubens und den Eifer der Frömmigkeit, das Eupen an den Tag gelegt, mag Köln stolz sein. Halten Sie auch in Zukunft fest an der heiligen katholischen Kirche und bleiben Sie treue Kinder derselben, dann werden Sie sich auch stets als treue Bürger des Staates erweisen, denn der rechte Christ wird auch dem Staate stets treu bleiben. Halten Sie sich, meine Herren, an dem guten Beispiele Ihres Bürgermeisters, Herrn Mooren. Wenn Sie einem solchen Manne weiter folgen, dann bleiben Sie treue Kinder der Kirche und des Staates. Ich danke Ihnen nochmals verbindlichst für die erwiesene Aufmerksamkeit und verbinde damit die Hoffnung auf ein freudiges Wiedersehen in Eupen. Nachdem der Herr Erzbischof den Anwesenden den erzbischöflichen Segen erteilt hatte, stimmten diese das Lied „Großer Gott, wir loben dich" an.

Wo bleibt die Kardinalswürde?

Nur gut zwei Jahre durfte sich die Erzdiözese Köln des eifrigen Wirkens von Erzbischof Simar erfreuen. Am Pfingstmontag 1902 befiel ihn eine Lungenentzündung, an deren Folgen er am Samstag, dem 24. Mai, starb. Am gleichen Tag gab die „Eupener Zeitung" ein Extrablatt heraus, in dem es u.a. hieß:

„Er hat es verstanden, sich in kürzester Zeit Autorität und tiefe Achtung zu erwerben und zu bewahren, nach allen Seiten, bei seinem Klerus und den Kölner Katholiken überhaupt, wie bei den Andersgläubigen, bei den Behörden und bei Kaiser Wilhelm, der ihn persönlich hochschätzte und wiederholt auszeichnete. Es würde wohl nicht mehr lange gedauert haben, bis Leo XIII. ihn wie seine Vorgänger zum Kardinal erhob, da trat der Tod dazwischen ..."

In der Tat: Seit Erzbischof Geissel (1845-1864) war noch jeder Erzbischof von Köln zum Kardinal ernannt worden. Daß Erzbischof Simar zwei Jahre nach seiner Inthronisation noch nicht diese Würde erlangt hatte, war ungewöhnlich. Umsonst hatte die Regierung in Berlin sich in Rom dafür eingesetzt. Kaiser Wilhelm legte großen Wert auf die Kardinalserhebung preußischer Bischöfe, um seinen Einfluß in Rom zu steigern.

Es war wohl hauptsächlich die massive Einmischung des Kaisers in den Wahlvorgang, der den Unmut des Papstes hervorgerufen hatte, dessen Opfer Simar zu Unrecht wurde.

Am 20. Juni 1900 richtete Kardinalsstaatssekretär Rampolla einen Erlaß an die Bischöfe Preußens, Hannovers und der oberrheinischen Kirchenprovinz über die Bischofswahlen, worin es u.a. hieß, die Wahlfreiheit sei unbedingt sicherzustellen. Grund des Schreibens war die Einflußnahme der Regierung zugunsten Simars. Im Oktober 1900 reiste Erzbischof Simar aus Anlaß des Heiligen Jahres nach Rom, wo er von Papst Leo XIII. empfangen wurde. Auf der Rückreise, Anfang November, besuchte er die Münchener Nuntiatur, wo er erklärte, er habe aus dem Munde des Papstes selbst dessen Überzeugung vernommen, daß seine Wahl zum Erzbischof von Köln durch die preußische Regierung in einer Weise beeinflußt worden sei, daß das Domkapitel nicht mehr frei habe abstimmen können. Zwar protestierte das Domkapitel bei Kardinalsstaatssekretär Rampolla, aber die Mißstimmung hielt an. „Der Erzbischof selbst mußte hingegen eine Spur von Ungnade der Kurie bis zu seinem allzu plötzlichen Tode am 24. Mai 1902 ertragen, indem aus seiner Kardinalserhebung nichts wurde, so oft sie auch ins Gespräch kam." (N. Trippen, o. c. S. 339).[7]

Fest steht, daß Simar sich über die Kardinalswürde gefreut hätte. Nicht weniger groß wäre die Freude darüber in seiner Heimatstadt Eupen gewesen.

Drei Tage nach Simars Tod berichtete Rotenhahn, der preußische Gesandte beim Vatikan, an Reichskanzler von Bülow über eine Audienz bei Kardinalsstaatssekretär Rampolla. „Als das Gespräch darauf kam, daß viele Deutsche gehofft hätten, Simar werde einmal Kardinal werden, bemerkte Rampolla ... der Papst wäre geneigt gewesen, dieser Ernennung näher zu treten."

Wilhelm II., der die Hintergründe des Zögerns in Rom gegenüber Simar wohl kaum durchschaute, gab der Nichtbeförderung Simars einen nationalistischen Hintergrund. Er

---

[7] Auch der sehr einflußreiche Kardinal-Fürstbischof Kopp von Breslau wird sich kaum für eine baldige Ernennung Simars zum Kardinal eingesetzt haben. Zwischen ihm und Simar bestanden Differenzen betr. der Stellung der Christlichen Gewerkschaften. Simar setzte sich sehr für die interkonfessionellen Christlichen Gewerkschaften ein, während Kopp rein katholische, von der Hierarchie abhängige Verbände wünschte. Die weitere Entwicklung hat Simar recht gegeben. S. hierzu: Rudolf Brack: „Deutsches Episkopat und Gewerkschaftsstreit 1900-1914" – Köln Wien 1876.

schrieb neben den letzten Satz des Gesandtschaftsberichtes: „Quatsch – Wenn Frankreich einen haben will, kriegt es ihn. Wenn wir einen haben wollen, wird dem Gedanken nähergetreten."

Wie sehr Simar in der Gunst des Kaisers gestanden hatte, ergibt sich auch aus Wilhelms II. Beileidstelegramm an das Kölner Domkapitel, worin es hieß: „Die großen Verdienste des Verewigten in allen von ihm bekleideten kirchlichen Ämtern wie seine mit treu patriotischer Gesinnung gepaarten Charaktereigenschaften sichern ihm bei Mir für alle Zeiten ein freundliches und dankbares Andenken." In seinem Buch „Ereignisse und Gestalten aus den Jahren 1878-1918" (Leipzig und Berlin 1922, S. 175) zählt Wilhelm II. Simar zu den Männern, die „weit über den Durchschnitt und eine Zierde des deutschen Episkopates waren."

Was einer seiner Freunde schreibt

Das von der „Eupener Zeitung" am 24. Mai 1902 herausgegebene Extrablatt zeigt, mit welcher Bestürzung und Trauer Simars plötzlicher Tod in Eupen aufgenommen wurde. Aber auch vielen anderen, denen Simar als Seelsorger oder Freund begegnet war, ging sein Scheiden sehr nahe. Als Beispiel diene ein Brief des schon erwähnten Georg von Hertling. „Nun weißt du auch bereits", so schreibt er nach Erhalt der Todesnachricht seiner Mutter, „was mich seit gestern ganz erfüllt, daß unser lieber Erzbischof gestorben ist. Es geht mir furchtbar nahe, und bei dir wird es gerade so sein. Er war unser ältester, treuester und zuverlässigster Freund ... Ich gab so viel auf seinen Rat und sein Urteil und wußte, daß auch er jederzeit für mich eintreten würde ... Mehr noch fast als den Verlust des persönlichen Freundes empfinde ich den Verlust, den die gute Sache, so wie ich sie verstehe, erlitten hat. Simar und ich waren in den meisten Fragen einer Meinung, und wenn dies einmal nicht zutraf, war ich immer geneigt, mich der seinen anzupassen. Er war gewiß streng kirchlich gesinnt, und doch so gar kein engherziger Eiferer, und dabei führte er immer alles auf den höchsten, übernatürlichen Standpunkt zurück."[8]

---

[8] Georg von Hertling, o.c. S. 293.

Lichtenbusch im Wandel der Geschichte

Wer die früher so stille und verträumte Ortschaft Lichtenbusch lange nicht mehr besucht hat, wird sich heute nur schwer zurechtfinden. Wo vor einigen Jahrzehnten die Kühe auf saftigen Wiesen friedlich grasten, verläuft jetzt die Autobahn Lüttich-Köln und erfüllt Tag und Nacht die Gegend mit ihrem Lärm. Ein hochmodernes Autobahnzollamt kontrolliert den internationalen Verkehr. Wie Pilze schießen die Neubauten aus dem Boden. Vom dörflichen Charakter der Ortschaft ist kaum etwas übriggeblieben, eher kann man von einer Vorstadtatmosphäre sprechen.

Steinzeit und Römerzeit

Schon zur Jungsteinzeit, also rund 2000 Jahre v. Chr., haben hier Menschen gewohnt oder sind doch hier vorbeigekommen, wie Werkzeuge aus geschliffenem Feuerstein beweisen, die man im Jahre 1907 auf dem heutigen Johannisberg gefunden hat. Es war die Zeit, da die Menschen schon aufhörten, ein Nomadenleben zu führen, und sich dem Ackerbau zuwandten.

Im 1. Jahrhundert v. Chr. eroberten die Römer die linksrheinischen Gebiete. Zu der Zeit bestimmte der Wald das Landschaftsbild. Lichtenbusch war ein kleiner Teil des gewaltigen Urwaldes, der sich im Süden von Aachen wie eine riesige Mauer erhob. Er hatte für die Römer etwas Unheimliches an sich. Nach Möglichkeit vermieden sie es, diesen Wald – von ihnen „silva Arduenna", d.h. Ardennenwald genannt – zu betreten und in ihn vorzudringen. Ein Beweis dafür ist die Tatsache, daß man im heutigen Aachener Stadtwald keinen einzigen Fund aus der Römerzeit gemacht hat. Nur da errichteten die Römer im Walde kleine Siedlungen, wo sich im Boden Eisenerz befand. So berichtete die Zeitschrift des Aachener Geschichtsvereins im Jahre 1891 von römischen Altertümern, die zwischen Lichtenbusch und der Kinkebahn gefunden wurden.

Im Juli 1964 stieß man im Walddistrikt Freyent, also in der Nähe von Lichtenbusch, auf Mauerreste eines römischen Gebäudes, das jahrhundertelang als Steinbruch gedient haben muß. Näheres darüber findet der Leser im Kapitel „Spuren der Römer im Eupener Land".

Die Rodungsperiode

Als um das Jahr 400 die Germanen nach Westen vordrangen, haben die Römer diese verstreut im Urwald liegenden Siedlungen fluchtartig verlassen. Die Gebäude verfielen und wurden später als Steinbruch benutzt. Inzwischen eroberte der Urwald sein Gebiet zurück, und so wird es geblieben sein, mindestens bis zur Zeit Karls des Großen um 800. In seinem Lobgedicht auf Kaiser Ludwig (um 815) berichtet Ermoldus Nigellus über die Gründung der Abtei Inda, dem späteren Kornelimünster. Diese Stätte früherer keltischer und römischer Kultur sei nach dem Wegzug der Römer in Schutt und Asche zerfallen und wieder verwaldet.

Um das Jahr 800 wird auch auf dem heutigen Grundgebiet von Lichtenbusch nur Wald gewesen sein. Dann aber setzt die dritte große Rodungsperiode ein, die zwischen 800 und 1200 datiert werden muß. Das starke Anwachsen der Bevölkerung hat unsere Vorfahren gezwungen, einen gigantischen Kampf gegen den Urwald zu unternehmen. Unter Führung der Grundherren und Klöster setzt eine Rodungsarbeit ein, über deren Ausmaß wir nur staunen können. Man fragt sich, wie mit den primitiven Mitteln der damaligen Zeit diese gewaltige Arbeit geleistet werden konnte. Damals hat unsere Landschaft ungefähr das Bild bekommen, wie es sich uns heute bietet – wenn auch inzwischen der Wald noch mehr zurückgedrängt worden ist. Neue Dörfer sind seitdem nicht mehr entstanden.

Aus dieser Periode großer Waldverdrängung stammen die Ortsnamen auf *rat* oder *rot*. Sie bedeuten Rodung eines Waldstücks. So z.B. Rott, Raeren, Roetgen, Friesenrath, Hergenrath, Herzogenrath, Rabotrath, Welkenraedt, Kerkrade. Auch die Siedlung Lichtenbusch dürfte aus dieser Zeit stammen. Allerdings trugen die wenigen Gehöfte damals noch nicht diesen Namen. Diesen Ortsamen erhielt die Siedlung von dem westlich von Hebscheid liegenden Waldstück mit Namen Lichtenbusch. Dieser kleine, nur 176 Morgen große Wald wird auf der Ferrariskarte (um 1770) Herrenbusch genannt nach dem damaligen Besitzer, dem das sogenannte Amstenrather Haus oder Herrenhaus in Eynatten gehörte.

Lichtenbusch: ein Teil der Bank Walhorn

Alles, was außerhalb der Siedlungen lag, gehörte dem König oder dem Landesherrn, der freigebig darüber verfügte und es verschenkte. Durch eine solche Schenkung entstand das Münsterländchen, das sich bis an die Grenze von Lichtenbusch erstreckte. Dieses Recht des Königs auf Wald und Ödlandgebiete nannte man forestis oder Wildbann. Interessant in diesem Zusammenhang, ist, daß die alten Raerener – wie ich selbst öfter festgestellt habe –, wenn sie von der heutigen Ortschaft Sief sprachen, statt Sief das Wort Wildbann oder Wilbank gebrauchten.

Auch Lichtenbusch gehörte zu einem Gebiet, das unmittelbar dem König unterstand, weil es zum größten Teil noch aus Wald oder Ödflächen bestand. Es war der karolingische Königshof Walhorn – auch Harna genannt – den Kaiser Heinrich IV. im Jahre 1072 dem Aachener Marienstift schenkte. Das Grundgebiet dieses Königshofes, auf den die Herzöge von Limburg nach und nach immer mehr Einfluß gewannen, wurde später Bank oder Hochbank Walhorn genannt. Unter Bank verstand man einen Verwaltungs- oder Gerichtsbezirk. Zur Bank Walhorn gehörten die heutigen Gemeinden Walhorn, Hergenrath, Hauset, Kettenis, Raeren und Eynatten und damit auch der Weiler Lichtenbusch.

Noch ein Wort über die Grenzen der Bank Walhorn. Von Zeit zu Zeit – mindestens alle fünf Jahre – mußten die Behörden sich davon überzeugen, daß die Grenzsteine oder die anderen Grenzmale noch richtig standen. Im Walhorner Pfarrarchiv befindet sich die Abschrift eines solchen Grenzrittprotokolls aus dem Jahre 1710. Vom Hirtzplei – zwischen Köpfchen und Linzenshäuschen – geht es den Landgraben entlang bis Hebscheid, von dort den Scheidweg entlang an Brandenburg vorbei bis zur Stelle, wo der Orsbach in die Inde mündet, d.h. bis zur heutigen Flur Eisenhütte, von dort den Scheidweg entlang, an der heutigen Kirche von Schmithof vorbei und dann weiter in Richtung Inde.

Unter dieser Grenze dürfen wir uns keine Grenze im heutigen Sinne vorstellen. Vor dem 19. Jahrhundert gab es keine Nationalstaaten, es gab kein Deutschland und kein Belgien im heutigen Sinne. Wohl gab es das Heilige Römische Reich Deutscher Nation, aber das war ein übernationales Gebilde. Die über Lichtenbusch führende Grenze war also keine Grenze zwischen Deutschland und Belgien, sondern zwischen dem Herzogtum Limburg und dem Münsterländchen. Auf Hebscheid – genau am Schornstein der Burg – trafen sogar drei Länder zusammen: Jülich, Limburg und das Münsterländchen. Um diese Grenze zu überqueren, bedurfte es damals keines Personalausweises. Wer jedoch auf Lichtenbusch diesseits des Scheidweges eine Wiese verkaufte oder verpachtete, mußte sich nach Walhorn begeben, wo damals die Notare der Bank wohnten, um den Kauf- oder Pachtvertrag rechtskräftig machen zu lassen. Als Anfang September 1727 in der Nähe der Münstergracht, nicht weit vom Hirtzplei, vier Zigeuner ermordet aufgefunden werden, begibt sich nicht das Aachener, sondern das Walhorner Gericht dorthin, um eine Ortsbesichtigung vorzunehmen. Nach den Aussagen des Nikolaus Scheen hat es zwischen einer größeren und einer kleineren Zigeunergruppe Streitigkeiten gegeben. Auf dem Weg von Lichtenbusch zum Hirtzplei hat die größere Gruppe die kleinere überfallen und ermordet. Das Walhorner Gericht ordnet an, Gilles Hanssen möge noch vier weitere Männer von Lichtenbusch besorgen und mit ihnen die Ermordeten an Ort und Stelle im Wald begraben. Im Gerichtsgebäude zu Walhorn – die Halle genannt – wird am gleichen Tag, am 4. September 1727, das Ergebnis der Ortsbesichtigung zu Protokoll gebracht. Eine Abschrift davon befindet sich im Staatsarchiv Lüttich.

Bis zur französischen Zeit, d.h. bis 1794 war also das Gebiet diesseits des Scheidwegs und damit auch Lichtenbusch vom Walhorner Schöffenstuhl abhängig, der hier in allen Fragen der streitbaren und der freiwilligen Gerichtsbarkeit das Sagen hatte.

Wie groß war Lichtenbusch vor rund 200 Jahren?

Auf der um 1800, also zur Franzosenzeit, entstandenen Tranchot-Karte, die ziemlich genau ist, erkennt man auf dem Grundgebiet von Lichtenbusch 18 Gebäude, dazu noch zwei auf der Flur Todtleger. Lichtenbusch war also damals ein kleiner Ort, zumal wenn man berücksichtigt, daß verschiedene dieser Gebäude wahrscheinlich Stallungen gewesen sind. Hebscheid ist rings umgeben von Wassergräben und großen Weihern, von denen nichts mehr übriggeblieben ist.

Zu welcher Pfarre gehörte Lichtenbusch? Wo ging man zur Kirche?

Bis um die Mitte des 17. Jahrhunderts gab es im Walhorner Land nur eine Pfarre, nämlich die Mutterpfarre Walhorn. Ihre Grenzen fielen mit den Grenzen der Bank Walhorn zusammen. Sie umfaßte die heutigen Pfarreien Walhorn, Raeren, Kettenis, Hergenrath, Eynatten und Hauset. Auch Lichtenbusch gehörte dazu.

Die Pfarre Walhorn lag in der Diözese Lüttich, deren Grenze gegen die Erzdiözese Köln im allgemeinen der Wurmbach östlich von Aachen bildete, so daß auch Aachen noch zum Bistum Lüttich gehörte, während Burtscheid der Erzdiözese Köln unterstand. Auf Lichtenbusch bildete der Scheidweg die Grenze. Was jenseits des Scheidweges lag, also zur Reichtsabtei Kornelimünster gehörte, unterstand dem Erzbistum Köln, was diesseits lag dem Bistum Lüttich.

Der Weg nach Walhorn war weit und beschwerlich. Damals gab es kaum feste Straßen, man war auf armselige Karrenwege angewiesen. Wie auf der Tranchot-Karte zu erkennen ist, gab es bis ins 19. Jahrhundert hinein zwischen Lichtenbusch und Eynatten keine direkte Verbindung. Der Weg führte am Hof Todtleger vorbei, dann den Freyentwald entlang bis Berlotte und von da nach Eynatten und Walhorn. Und doch nahmen unsere Vorfahren diese Strapazen auf sich. Die Neugeborenen der Lichtenbuscher Familien wurden in Walhorn getauft, hier schloß man den Bund der Ehe, hier wurden die verstorbenen Lieben beigesetzt. Erst 1620 erhielt Eynatten einen eigenen Kirchhof, und von der Zeit an werden auch die Verstorbenen von Lichtenbusch auf ihm ihre letzte Ruhestätte gefunden haben.

Vielen Einwohnern jedoch erschien der Weg zur Mutterkirche in Walhorn zu weit. Darum errichtete man eigene Kapellen, wo Sonntagsgottesdienste stattfanden. So gab es eine

Schloßkapelle in Eynatten, die den Herren von Eynatten gehörte. Bereits im Jahre 1489 wird in den Walhorner Gudungsbüchern die Schloßkapelle des adligen Lehnsgutes Titfeld erwähnt. Die Toten dieser Kapellengemeinden wurden jedoch weiterhin in Walhorn beigesetzt. Manche alte Wege tragen noch heute den Namen „Leichengasse", weil man auf ihnen die Toten nach Walhorn brachte.

Das Kloster Brandenburg

1485 wurde die Kirche des Klosters Brandenburg in der Nähe von Lichtenbusch eingeweiht. Pfarrer Udemann von Walhorn hatte am 15. Mai 1482 seine Einwilligung zur Errichtung des Klosters gegeben. Er gestattete auch die Beerdigung der verstorbenen Klosterinsassen auf dem eigenen Friedhof und erlaubte den Patres, die Sakramente zu spenden und zu predigen, mit Ausnahme von gewissen Feiertagen, an denen man sich in Walhorn einfinden mußte. Die Lichtenbuscher werden nunmehr im Kloster Brandenburg ihre geistige Heimat gefunden haben. Das Kloster wurde 1784 von Joseph II. aufgehoben.

Brandenburg

Sie ist verwaist die Stätte des Gebets;
heut niemand mehr durchs Tor der Kirche geht,
wo frommer Mönche Gotteslob erklang
und vieler Pilger froher Lobgesang.

Kein festlich Orgelspiel wird mehr gehört,
die bunten Fenster sind schon längst zerstört.
Kein Sonnenstrahl ins schmucke Chor mehr dringt;
umsonst das Licht mit Finsternis hier ringt.

Verstummt ist jetzt der Glocken hehres Lied;
der Iterbach nur murmelt leis im Ried:
Auf Erden alles kommt und bald vergeht;
nur Einer ist, der ewig gleich besteht. *V.G.*

Wahrscheinlich im Jahre 1676 wurde Eynatten selbständige Pfarrei. Wir können es daraus ersehen, daß die Tauf-, Heirats- und Sterberegister mit dem 30. April 1676 beginnen.

Das ehemalige Kreuzherrenkloster Brandenburg in Raeren (heute Aachen-Sief). *Zeichnung: P. Emonts-pohl*

Dem Verkehr wurde Lichtenbusch mehr erschlossen, als 1862 eine feste Straße über Steinkaul nach Eynatten gebaut und 1872 die Straße von Raeren über Lichtenbusch nach Aachen angelegt wurde.

Lichtenbusch macht Schlagzeilen

Wer hätte gedacht, daß diese kleine Ortschaft, die nach dem Ersten Weltkrieg ca. 550 Seelen zählte, einmal Schlagzeilen machen würde! Als 1920 durch den Versailler Vertrag der Kreis Eupen Belgien zugesprochen wurde, teilte auch Lichtenbusch dieses Schicksal und zwar das ganze Lichtenbusch bis an den Scheidweg. Die alte Grenze zwischen Limburg und Kornelimünster wurde jetzt Staatsgrenze. So sollte es jedoch nur ein Jahr lang bleiben. Die Stadt Aachen meldete gegen die Abtretung von Sief und Lichtenbusch schwere Bedenken an. Ein zähes Ringen setzt jetzt ein zwischen der Stadt und der Kommission zur Regelung der deutsch-belgischen Grenze. Die vielen Akten im Auswärtigen Amt zu Bonn legen Zeugnis davon ab, mit welcher Zähigkeit und Ausdauer die Verhandlungen geführt wurden.

Der damalige Aachener Oberbürgermeister Farwick weist darauf hin, daß in diesem Gebiet die Hauptgewinnungsanlagen der zentralen Wasserleitung liegen, nämlich die Pumpwerke Brandenburg und Schmithof. „Die beiden Wasserwerke", so schreibt er, „erbringen etwa 65% des zur Versorgung der Stadt Aachen notwendigen Wassers." „Da die Absenkung des Grundwasserspiegels dabei eine große Rolle spielt (sie geht bei Brandenburg bis 65 m Tiefe und bei Schmithof bis 85 m) ist die seitliche Erstreckung des Einzugsgebietes bedeutend. Dieses Einzugsgebiet darf im Interesse der öffentlichen Hygiene dem Einfluß der überwachenden deutschen Behörde nicht entzogen werden, andernfalls eine Sicherstellung der städtischen Wasserversorgung in hygienischer Beziehung ausgeschlossen ist. Diese Überwachung muß genau wie bei einer Talsperre das ganze Einzugsgebiet der beiden Pumpwerke, also das ganze Niederschlagsgebiet für die die Kalksteinzüge speisenden Oberflächengewässer unterliegen." Der Oberbürgermeister schlägt darum vor, ein Gebiet, das ein bis zwei km nach Westen hin von den Pumpwerken Abstand hält, an Deutschland zurückzugeben.

Daß in diesem Zusammenhang auch die über Lichtenbusch führende Raerener Straße von großer Wichtigkeit war, liegt auf der Hand. Sie war damals die beste und kürzeste Verbindung nach Aachen, und am Westrand dieser Straße liegen die Rohre der Wasserleitung.

Diese Argumente überzeugten die Grenzkommission. Im Herbst 1921 – genau am 1. November 1921 – ist das Ziel der langwierigen Verhandlungen erreicht: Das Gebiet von Sief (ca. 400 Hektar) wird von Raeren abgetrennt und Deutschland angegliedert, ferner 173 Hektar von Lichtenbusch mit 171 Einwohnern. Die Grenze zwischen Deutschland und Belgien wurde nun durch die Straße Hebscheid-Lichtenbusch-Langfeld, die damalige Raerener Straße also, gebildet. Am 1. November 1921 begab sich Oberbürgermeister Farwick mit zwei Beigeordneten in das zurückgegliederte Gebiet und setzte die Einwohner davon in Kenntnis.

Am 12. November 1921 brachte ein Sonderwagen der Straßenbahn die Familienvorstände nach Aachen, wo sie im Krönungssaal des Rathauses von Oberbürgermeister Farwick feierlich als Bürger der Stadt Aachen begrüßt wurden. Er führte dabei aus: „Nachdem die zuständige deutsche Staatsbehörde die Verwaltung dieser Gebiete einstweilen der Stadtverwaltung angegliedert hat, ist es auch mir eine Herzenspflicht, Sie aufs wärmste willkommen zu heißen. Ich habe mich unverzüglich in Ihr Gebiet begeben, um Sie an Ort und Stelle zu begrüßen auf Ihrem eigenen Boden. Nunmehr begrüße ich Sie im vornehmsten Saale der Stadt als unsere neuen Mitbürger. Was an der Verwaltung und an mir liegt, wird geschehen, um Ihren berechtigten Wünschen gerecht zu werden. Bis jetzt verband uns mit Ihnen nur das Band der guten Nachbarschaft, jetzt gehören Sie zu uns, jetzt sind Sie Kinder des eigenen Hauses." Aus dieser vorläufigen Regelung wurden dann stillschweigend eine dauernde. Seit diesem Zeitpunkt gibt es zwei Lichtenbusch: ein deutsches und ein belgisches, ein Aachen-Lichtenbusch und ein Eynatten-Lichtenbusch. Mitten durch die Ortschaft führt die Grenzstraße, die Deutschland von Belgien trennt. Auch auf kirchlichem Gebiet war Lichtenbusch nunmehr nach zwei Bistümern hin orientiert: Eynatten-Lichtenbusch nach Lüttich und Aachen-Lichtenbusch nach Köln und ab 1930 nach Aachen.

Eine eigene Schule und ein eigenes Gotteshaus

Der Weg nach Eynatten war weit, besonders in einer Zeit, da es noch kaum Autos gab. Auch hatte Lichtenbusch schon früher sein eigenes Gepräge. So wissen wir, daß man dort schon seit dem 17. Jahrhundert den heiligen Hubertus als Schutzpatron verehrte. Im 19. Jahrhundert wurde er auch als Schutzpatron der Schützen erkoren.

Verständlich ist es darum, daß die Lichtenbuscher schon im vorigen Jahrhundert danach streben, eine eigene Schule und ein eigenes Gotteshaus zu bekommen. 1885 ging der erste Wunsch in Erfüllung: Eine Schule wurde gebaut. Nach der Grenzkorrektur von 1921 blieb diese Schule jedoch auf belgischer Seite. Die 26 Kinder aus dem wieder deutsch gewordenen Teil Lichtenbusch verließen sie. Wohin mit diesen Kindern? Das Problem fand erst eine Lösung durch den Bau der Lichtenbuscher Kirche, an die ein Schulraum angegliedert wurde. Schon 1906 war ein Herz-Jesu-Bauverein zur Errichtung einer Kirche gegründet worden. Das gesammelte Geld ging jedoch durch die Inflation der zwanziger Jahre zum großen Teil verloren. Inzwischen hatte der Eynattener Pfarrer Wessling (1902-1923) von 1910 ab einen regelmäßigen Gottesdienst in der Schule eingeführt.

1924 schritt man zum Bau einer Kirche in Deutsch-Lichtenbusch, als der Landwirt Franz Ortmanns der Stadt Aachen ein Wiesengrundstück an der Grenzstraße schenkte mit der Auflage, dort eine Kapelle und Schule zu errichten. Die Baukosten trugen die Einwohner der beiden Ortsteile, die Stadt Aachen und die Regierung. Am 14. Juni 1925 wurde das neue Gotteshaus vom zuständigen Ortspfarrer Schmitz aus Oberforstbach unter dem Titel des Göttlichen Herzens Jesu gesegnet. Unter Professor Jaegers (1937-1955) wurde Aachen-Lichtenbusch zu einem selbständigen Rektorat erhoben und von der Pfarre Oberforstbach losgelöst. Trotz der Grenze, welche die beiden Lichtenbusch voneinander trennt, haben die Einwohner nie aufgehört, sich als eine Gemeinschaft zu fühlen. So sollte es überall an den Grenzen sein. Im neuen Europa dürfen Grenzen nicht mehr Schranken sein, sondern Berührungspunkte.

Handel und Wandel in Eupen
Anno 1852

In der „Chronik der Bürgermeisterei Eupen" (Stadtarchiv) befindet sich folgende Aufstellung für das Jahr 1852:

A. Fabriken

22 Wollspinnereien mit 781 Arbeitern
21 Tuchfabriken mit 2891 Arbeitern und 1060 Webstühlen
4 Maschinenfabriken mit 191 Arbeitern
10 Schönfärbereien mit 93 Arbeitern
3 Getreidewassermühlen mit 6 Arbeitern
19 Dampfmaschinen mit 278 Pferdekräften
14 Wassertriebwerke mit 187 Pferdekräften
4 Gerbereien mit 20 Arbeitern
2 Kalkbrennereien mit 5 Arbeitern
2 Seifensiedereien mit 5 Arbeitern
1 im Jahre 1852 gegründete Tabakfabrik mit 7 Arbeitern
4 Bierbrauereien mit 13 Arbeitern
3 Eisengießereien mit 18 Arbeitern

B. Der Handwerkerstand war unter anderem vertreten durch:

64 Bäckermeister mit 21 Gesellen
54 Metzgermeister mit 6 Gesellen
75 Schustermeister mit 56 Gesellen
26 Schneidermeister mit 16 Gesellen
3 Zimmermeister mit 14 Gesellen
39 Schreinermeister mit 69 Gesellen
7 für eigene Rechnung arbeitende Maurer mit 32 Gesellen
22 Schlossermeister mit 39 Gesellen
6 Grobschmiede mit 3 Gesellen
4 Kupferschmiede mit 5 Gesellen
2 Blech- und Gelbgießer (Messing) mit 3 Gesellen
2 Klempnermeister mit 2 Gesellen
4 Uhrmacher
2 Gold- und Silberarbeiter
3 Buchbinder mit 3 Gehilfen
1 Regenschirmmacher
2 Wachslichtbereiter (Kerzen) mit 1 Gehilfen
1 Büchsenmacher

Die Kirchstraße in Eupen um 1870.
Nach einem Foto gezeichnet von P. Emonts-pohl

1 Buchdrucker mit 1 Gehilfen
1 Lithograph (Steinzeichner) mit 1 Gehilfen
1 Buchhändler
1 Leihbibliothekar
3 Konditoren mit 1 Gehilfen
2 Kürschner (Pelzverarbeiter) mit 2 Gehilfen
7 Sattler
3 Seiler
1 Posamentierer (Stellte Besatzartikel, Borten und Schnüre her)
15 Putzmacherinnen (Hutmacherinnen) mit 13 Gehilfinnen
1 Tapezierer mit 2 Gehilfen
1 Hutmacher
6 Stellmacher mit 2 Gehilfen
1 Wagenbauer mit 4 Gehilfen
8 Böttcher (Faßbinder) mit 1 Gehilfen
3 Drechsler mit 2 Gehilfen
1 Holzschuhmacher
1 Bürstenbinder mit 1 Gehilfen
2 Korbwarenmacher
6 Schieferdecker mit 20 Gehilfen
1 Schornsteinfeger mit 1 Gehilfen
3 Glaser mit 1 Gehilfen
6 Anstreicher mit 5 Gehilfen

Ferner gab es 160 Kleinhandlungen sowie 93 *Gast- und Schankwirtschaften.*

Zu dieser Aufstellung sind einige Bemerkungen angebracht:

Der Hauptgewerbebetrieb in der Stadt Eupen bestand in der Tuchfabrikation. Ende 1852 gab es in Eupen 22 Wollspinnereien mit 781 Arbeitern sowie 21 Tuchfabriken mit 2891 Arbeitern. Daneben blühte die Hausweberei, in der man 1060 Webstühle zählte.

Die ganze Aufstellung zeigt, daß im Jahre 1851 in Eupen das ehrbare Handwerk in Blüte stand. Nicht weniger als 64 Meister mit 21 Gesellen sind damit beschäftigt, das tägliche Brot herzustellen. Brot bildete damals das Hauptnahrungsmittel.
75 Schustermeister (heute sind es für ganz Eupen noch 4!) mit 56 Gehilfen gab es 1852 in Eupen. Es bestand kein einziges Schuhgeschäft. Wer ein Paar neue Schuhe wünschte, ging

zum Schuhmacher, der gediegene handwerkliche Maßarbeit lieferte. Heute ist es umgekehrt: das Schuhwerk wird meistens in Serienarbeit fabriziert.

Wegen der vielen schlechten, meist nur geschotterten Straßen, hatten die Schuhe viel mehr zu leiden als heutzutage, so daß die Schuhmacher auch viel Flickarbeit leisten mußten.

Kutschen, Pferdewagen und Pferdekarren bildeten damals das einzige Transportmittel. Darum hatten die Schmiede und Stellmacher viel zu tun. Der Wagenschmied schuf alles, was an einem Wagen oder Fuhrwerk aus Eisen war, also Eisenbeschläge, Achsen, Ringe usw., während der Stellmacher oder Wagenbauer den Holzkasten, die Räder und Deichseln herstellte. Alles war Handarbeit: die Radbeschläge, das Kastengestell, die großen Holzräder und die Speichen. Vor der Schmiede oder Stellmacherei standen die vielen reparaturbedürftigen Wagen, ähnlich wie heute die Autos vor den Garagen.

In der Hufschmiede und in der Wagenschmiede brannte das Schmiedefeuer, wenn der Schmied das Hufeisen oder die Radbeschläge glühend machte. Er betätigte den Blasebalg,

Der Steinklöpfer am Straßenrand war bis in die zwanziger Jahre unseres Jahrhunderts ein alltägliches Bild. Scherzweise nannte der Volksmund ihn den „Provinzialstraßenbaumaterialverkleinerungsagent". *Zeichnung: P. Emonts-pohl*

um die Glut zu schüren. Dann formte er hämmernd das Eisen auf dem Amboß zum Huf- oder zum Radbeschlag.

Mit den Pferden hatte auch das Handwerk der sieben Sattler zu tun. In der Sattlerei wurde das Kumt – auch Kummet genannt – angefertigt, d.i. das gepolsterte Holzjoch der Zugtiere. Das Kummet nannte man hierzulande auch Ham und den Sattler den Hamacher. Daher stammt der Familienname Hamacher.

Wenig erfreulich war die Tatsache, daß es um die Mitte des vorigen Jahrhunderts in der Stadt Eupen nicht weniger als 93 Gast- und Schankwirtschaften gab. Entsprechend hoch war die Zahl der Bierbrauereien. Davon profitierten auch die acht Faßbinder, die es 1852 in Eupen gab. Sie lieferten jedoch nicht nur Bierfässer, sondern auch allerhand Gegenstände für die Landwirtschaft wie Butterfässer, Butterbütten, worin die Butter entwässert wurde, Buttertiegel, mit denen der Landwirt die Butter formte, Holzeimer und Waschbütten.

Das Alkohollaster

Schon aus der großen Anzahl der Wirtschaften ist ersichtlich, daß in der Mitte des vorigen Jahrhunderts der übermäßige Alkoholgenuß in Eupen zu einer echten Plage geworden war. In der Gemeindechronik des Jahres 1853 liest man:

„Durch den katholischen Oberpfarrer Herrn Pauls erfolgte am 8. Mai die Einführung einer Mäßigkeitsbruderschaft, der sofort 151 Mitglieder beitraten. Sie gelobten feierlich, sich für die Dauer ihres Lebens des Branntweins zu enthalten und andere geistige Getränke – namentlich Wein und Bier – nur mäßig zu genießen. Die Zahl der Mitglieder stieg in kurzem auf 2000.

Die Bildung eines solchen Vereins erschien um so mehr notwendig und heilsam, als das Branntweintrinken in Eupen leider zu einer wahren Pest geworden war, indem jährlich ungefähr 3000 bis 4000 Ohm Schnaps in Eupen getrunken wurde." Nimmt man das Ohm zu 130 Liter an, so sind das nicht weniger als 350 000 bis 552 000 Liter bei einer Bevölkerung von 12 000.

Auch die staatlichen Behörden ergriffen Maßnahmen gegen das Alkohollaster. Am 18. Mai 1857 erläßt der Bürgermeister Becker eine Bekanntmachung, worin es heißt:

„Das Königliche Ministerium des Innern hat die Polizeibehörde angewiesen, den Schenkwirten ein Verzeichnis der ihnen als Trunkenbolde bekannten Personen mitzuteilen und zugleich bestimmt, daß denjenigen Wirten, welche diesen Personen fernernhin Branntwein verabfolgen oder ihnen auch nur den Aufenthalt in der Gaststube erlauben, im Wiederholungsfalle ohne Nachsicht die Konzession (behördliche Genehmigung) entzogen werden soll . . ."

Das vom Bürgermeister angefügte „Verzeichnis der als Trunkenbolde bekannten Personen" enthält 15 Namen, dazu aber die Unterschriften von 56 Eupener Wirten, die damit bescheinigen, daß sie die Anordnung zur Kenntnis genommen haben.

Ob diese Maßnahme Erfolg hatte, bleibt zu bezweifeln. Ein guter Kenner der Lokalgeschichte sagte mir einmal dazu: „Man muß diese Leute verstehen. Sie hatten immer Hunger und im Winter immer kalt."

Aber schade war es doch, daß der so sauer verdiente, karge Lohn in Alkohol umgesetzt wurde und das Elend immer größere Ausmaße annahm.

Als im Eupener Land die Erde bebte

„Wir wohnen hier im Gelobten Land." Vielleicht, lieber Leser, haben auch Sie schon diesen Ausspruch getan oder ihn aus dem Munde Ihrer Mitbürger gehört. In der Tat: Das Eupener Land hat nur wenig gelitten unter großen Naturkatastrophen, wie sie von anderen Gegenden bekannt sind. wie z.B. Überschwemmungen, Wirbelstürme und Erdbeben.

Ganz verschont von Erdbeben blieben jedoch unsere Vorfahren nicht. E. Pauls schreibt in der Zeitschrift "Annalen des Hist. Vereins für den Niederrhein, 56. Heft, Köln 1893:

„Seit den Tagen der Karolinger bis zur Neuzeit sind in Aachen und seiner näheren Umgebung häufig mehr oder minder heftige Erderschütterungen bemerkt worden. Erwähnt sei, daß vor dem Tode Karls des Großen sowie in den Jahren 803, 823 und namentlich in der Nacht des Karsamstags, am 27. März 829, Erdbeben in Aachen großen Schrecken verbreiteten. " Zu ersehen ist dies aus den Jahrbüchern des Fränkischen Reiches unter Ludwig dem Frommen, I, S. 320.

Erdbeben haben etwas Unheimliches an sich, weil man sich kaum vor ihnen schützen und auch die Ursachen nicht beseitigen kann. Es ist darum normal, daß sie unter den Menschen Schrecken verbreiten.

Inwieweit das Eupener Land von diesen für den Raum Aachen erwähnten Erderschütterungen in Mitleidenschaft gezogen wurde, läßt sich kaum sagen, da uns die Nachrichten darüber fehlen. Von zwei Erdbeben jedoch wissen wir, daß sie auch bei unseren Vorfahren großen Schrecken verbreiteten. Es sind folgende:

Das Erdbeben vom 18. September 1692
Im Walhorner Taufbuch (Stadtarchiv Eupen) heißt es:

„Am 18. September 1692 ereignete sich ein heftiges Erdbeben, welches sich am dritten Tage wiederholte, wodurch an verschiedenen Orten die Häuser zerstört und Menschen getötet wurden. Das Schloß Crapoel (bei Rabothrath) wurde dadurch gänzlich verwüstet."[1]

Auch die Annalen des Klosters Rode (Rolduc) berichten wie folgt über dieses Erdbeben:

„1692, am 18. September,war ein fürchterliches Erdbeben, dem in verschiedenen Orten Schlösser und Häuser zum Opfer fielen, Brunnen flossen über, und Wiesen wurden in Sümpfe verwandelt. Die Kirche des Klosters (Rode) wurde so heftig erschüttert, daß die zum Ort hingewandte Giebelspitze herabstürzte und die Gewölbe hunderte Risse aufwiesen. "

Nach diesen und anderen Angaben zu schließen scheint der Bereich des Herzogtums Limburg von diesem Erdbeben am meisten betroffen gewesen sein.

Das Erdbeben vom 18. Februar 1756

Die Hiobsbotschaft von dem fürchterlichen Erdbeben, daß im Jahre 1755 zwei Drittel Lissabons, der Hauptstadt Portugals, zerstört hatte, war inzwischen auch bis zu unseren Vorfahren gedrungen . 6000 Gebäude waren bei dieser Katastrophe zerstört worden, und nahezu 30 000 Einwohner hatten den Tod gefunden.

Kein Wunder, daß panischer Schrecken sich verbreitete, als auch unsere Heimat im Laufe der Jahre 1755 und 1756 von zahlreichen Erdbeben heimgesucht wurde. Der schlimmste Tag war der 18. Februar 1756. Verschiedene Berichte darüber liegen vor.

Im Tagebuch des Aachener Rechtsgelehrten Dr. Fell heißt es:

„Mittwoch auf den 18. Februar, morgens um 8 Uhr, ist ein entsetzliches Erdbeben gewesen. Der Kopf von St. Katharina oben auf der Spitze der Augustinerkirche in Aachen ist herab-

[1] Über einer Tür der heutigen Wirtschaftsgebäude des Gutes Crapoel befindet sich ein Stein mit dem Wappen der Berghe de Trips und der lateinischen Inschrift: 1692 TERRAE MOTUM DIRUTUM REAEDIFCAVERUNT - 1698. Das heißt: Im Jahre 1692 durch Erdbeben zerstört. Wieder aufgebaut im Jahre 1698.

gefallen, und der Turm hat sich so auf die Seite gesenkt,daß man denselben hat abbrechen müssen. Von den Schornsteinen sind meistens die oberen Steine abgefallen. Die Frau Haupts, die sich auf der Straße in Sicherheit bringen wollte, ist von einem Stein erschlagen worden. Die Priester sind von den Altären weggelaufen. Bei Düren ist eine Kirche eingefallen, viele Gebäude haben Risse bekommen."

In den Annalen des Aachener Klarissenklosters (Handschrift 23 des Stadtarchis Aachen) lesen wir über das gleiche Erdbeben:

„Morgens zwischen 8 und 9 Uhr ist ein solches Erdbeben gewesen, daß wir befürchteten, alles wäre übereinander geschlagen. Wir alle haben uns retten wollen, indem wir in den Garten liefen, Als die Erderschütterung sich beruhigte, sind wir zu unserer Werkkammer gegangen. Unser Wohlerwürdiger Pater Dominikus Erber - damals unser Beichtvater - kam in die Klausur und gab uns auf dem Werkhaus die Generalabsolution. Unser Schrecken war so groß, weil das Erdbeben nicht aufhörte. Ohne großen Schrecken wagte auch niemand auf den Dormitor (Gang entlang der einzelnen Zellen) zu gehen, denn alle Leute sagten, wir wären in großer Gefahr, weil unser Kloster auf Bogen stünde. So haben wir lange Zeit den Gottesdienst auf dem Werkhaus gehalten und alle – außer den Kranken, die sich im Siechenhaus befanden – auf dem Werkhaus geschlafen; eine jede hatte ein Kissen auf der Erde liegen, darauf sie ein wenig schlafen konnte. Das dauerte lange Zeit. Endlich sagte unsere Wohlerwürdige Mutter - es war damals Elisabeth Therese Esser – wir sollten wieder in Gottes Namen auf unseren Zellen schlafen gehen, denn Gott würde uns bewahren. So sind wir wieder auf unsere Zellen gegangen, und haben den Gottesdienst auf dem Chor gehalten."

Ähnlich lautet der Bericht des Eupener Notars Teodor Remy, der in seinem Tagebuch schreibt:

„Am 18. Februar 1756, ungefähr 8 Uhr morgens, war ein solches Erdbeben, daß dadurch fast alle Menschen aus ihren Häusern gelaufen sind. In Eupen fielen über fünfzig Schornsteine von den Dächern, über hundert sind geborsten. Die Priester, die an den Altären standen und die Messe zelebrierten, haben diese verlassen und sind aus der Kirche gelaufen.

Am gleichen Tag zwischen 8 und 9 Uhr morgens hatten wir noch ein sehr großes und ehe es Mittag war noch drei Erdstöße, die aber geringer waren, abends gegen 9 Uhr noch ein sehr großes."

Quellen

Lancaster: Les tremblements de terre en Belgique, Brüssel,1901
Annalen 1616-1787 der Klarissen in Aachen, Stadtarchiv Aachen, Handschrift Nr 23
Hermanns, Leo: Die Erdbeben des 18. und 19. Jahrhunderts in Eupen, Geschichtliches Eupen, Band l, 1967, S. 73 ff.
Annalen des Klosters Rode
Monatsschrift „Die Erdbebenwarte", Nr. 7 und 8, II. Jahrg. 1903

Kapellen und Bildstöcke an der Römerstraße und ihren Abzweigungen

Bei einer Wanderung über die alte Römerstraße und die zwei alten Aachen-Wege treffen wir etwas an, das an unseren Autobahnen kaum zu finden ist: Kapellen und Bildstöcke. Während heutzutage die Straßen weithin säkularisiert, d.h. verweltlicht sind, brachte man sie früher in Beziehung zu Gott und den Heiligen. Im Eupener Land fällt dies besonders auf: ein Beweis für den frommen Sinn unserer Vorfahren. Diese Wegkapellen waren für die Vorübergehenden oder Vorüberfahrenden Stätten stiller Einkehr und Besinnung, aber auch Orientierungspunkte in der weiten Landschaft sowie Zufluchtsstätten bei Unwettern.

Die Kapelle „zur Teilung der Apostel" an der Hochstraße: ein bedeutender Verkehrsknotenpunkt

Die von Gemehret kommende Römerstraße stößt bei der heutigen Rochuskapelle auf die Hochstraße. An dieser Stelle steht eine Kapelle, die seit Ende des vorigen Jahrhunderts den Namen Rochuskapelle trägt.

Rochus-Kapelle (früher Kapelle „zur Teilung der Apostel") an der Hochstraße. Zeichnung: Fr. Nyns

Diese Örtlichkeit gibt manche Rätsel auf. Die westlich der Kapelle liegende Flur trug schon 1407 die Bezeichnung „op de alde Kirch". In der Wiese befinden sich Gebäudefundamente, deren Umrisse in trockenen Sommern deutlich zu erkennen sind.

Handelt es sich wirklich um Fundamente einer alten Kirche? Oder hat hier ein anderes Gebäude gestanden? Gern macht ja das Volk aus einem Gebäude, über dessen Ursprung es nichts mehr weiß, ein kirchliches Gebäude. Bekannte Beispiele sind der Drossart bei Belle-Croix, wo man ein Templer-Kloster vermutete und das sogenannte Grünkloster bei Kalterherberg. Grabungen haben erwiesen, daß es sich in beiden Fällen nicht um ein Kloster, sondern um ein römisches Gebäude handelte, vermutlich um eine Relaisstation für den Pferdewechsel oder ein Absteigequartier für die römischen Soldaten.

Könnte hier nicht ein ähnliches Gebäude gestanden haben? Der breite Grasweg zwischen der heutigen Rochuskapelle und der Flur Altkirch hat ja anscheinend schon zur römischen Zeit bestanden. Am 16. Juni 1977 fand Michael Jerusalem aus Eupen (heute in Raeren, Grachtstraße wohnhaft) hier Scherben, die nach Prüfung von Fachleuten als eindeutig römisch bezeichnet wurden. Genaueres könnte jedoch erst durch wissenschaftliche Grabungen auf der Flur Altkirch festgestellt werden. Bis dahin sind wir auf Vermutungen angewiesen.

Eines ist sicher: Die heutige Rochuskapelle steht an einer ganz wichtigen Stelle des Eupener Landes. Sie hat nicht immer so geheißen. Ursprünglich trug sie den Namen „Zur Teilung der Apostel" oder „Apostelteilungskapelle". Im Innern erinnert noch heute eine Holztafel mit einem aus dem 18. Jahrhundert stammenden Bild der Zwölf Apostel an diesen Titel.

Was bedeutet dieser Name?
Er erinnert an die legendenhafte Verteilung der Welt durch die Apostel, mit anderen Worten: Sie sollen sich in Palästina die Welt in zwölf Missionsbezirke aufgeteilt haben, um dann in die verschiedenen Bezirke oder Länder abzureisen. Die Missionierung wurde im Laufe der Jahrhunderte fortgesetzt und erreichte so auch unsere Heimat.

Auch Legenden haben ihre Bedeutung. Meist enthalten sie in gleichnishafter Form eine tiefe Wahrheit. Der Wahrheitskern der legendenhaften Apostelteilung ist die Tatsache, daß Christus seinen Aposteln den Auftrag gegeben hat: „Gehet hin zu allen Völkern und macht alle Menschen zu meinen Jüngern." Die Apostel erhalten damit einen weltweiten Auftrag, und sie ziehen aus in alle Himmelsrichtungen, um ihn zu erfüllen.

Es war sehr sinnreich, daß man gerade diese Kapelle mit der Aussendung der Apostel in Verbindung brachte, denn sie war früher ein Verkehrsknotenpunkt erster Ordnung. Sternförmig führten von da aus Wege in alle Richtungen. Auf einer vor etwa hundert Jahren herausgegebenen Karte erkennt man nicht weniger als sieben Wege oder Pfade, die von dieser Kapelle ausgehen. So war dieses kleine Heiligtum ein Mittelpunkt, ein Zentrum, ähnlich wie Palästina es für die Apostel gewesen ist.

Interessant ist auch, daß nach den Aufzeichnungen von Pfarrer Mertens aus Kettenis bis 1685 jeweils am 15. Juli eines jeden Jahres die Pfarrer von Kettenis, Raeren, Eynatten und Walhorn mit ihren Pfarrangehörigen in einer sogenannten Bankprozession zu dieser Kapelle pilgerten.

Wie aus der „Apostelteilungskapelle" eine Rochuskapelle wurde

Leider geriet die Verehrung der Apostel immer mehr in Vergessenheit, und die Kapelle verwahrloste, vermutlich auch dadurch, daß die römische Fernstraße durch den Bau moderner Straßen an Bedeutung verlor. Seit 1828 war die neuerbaute Chaussee Eupen-Aachen die Hauptverkehrsader des Eupener Landes. An die Stelle der Apostelverehrung trat die des heiligen Rochus. Der französische Heilige Rochus hat sich besonders verdient gemacht durch die Pflege pestkranker Menschen und wurde darum gerne angerufen als Helfer und Beschützer bei dieser furchtbaren Seuche. Wenn man weiß, welche Plage diese Geißel bis ins 17. Jahrhundert auch für unsere Heimat gewesen ist, kann man diese Verehrung verstehen, zumal St. Rochus auch bald als Helfer bei anderen Seuchen angerufen wurde. Noch in den Jahren 1635-1637 sind bei uns viele Menschen an der Pest gestorben. Pfarrer Wilhelm Voets aus Walhorn hat damals im Sterberegister folgende Eintragung gemacht: „An der Pest starben vom 18. Juli 1635 bis zum

1. Februar 1 637 230 Personen, wobei nicht namentlich aufgeführt sind, die in Hauset an derselben Seuche gestorben und in Walhorn begraben sind."

In kluger Weise knüpfte Pfarrer Hout von Kettenis an diese volkstümliche Verehrung an. 1899 ließ er die verwahrloste Kapelle instand setzen, segnete eine neue Statue des Heiligen und führte zu Ehren des heiligen Rochus eine Prozession ein, die auch heute noch am 18. August, dem Fest des Heiligen, oder dem darauffolgenden Sonntag von der Pfarrkirche in Kettenis auszieht. Auch heute noch wird mit dem Fest eine Gebetsoktav verbunden.

Briefwechsel zwischen Pfarrer Hout und dem Generalvikariat Köln betr. der Rochuskapelle

Von 1895 bis 1907 war Karl Josef Ludwig Hout Pastor von Kettenis. Er stammte aus Trier, wo er am 15. Februar 1850 das Licht der Welt erblickte. Vor seiner Anstellung in Kettenis hatte er über sechzehn Jahre als Missionar in Amerika gewirkt. Vom Eupener Land und seiner Geschichte scheint er wenig gewußt zu haben. Mit Verwunderung, ja mit Unverständnis stellte er fest, daß zwischen dem Eupener Land und dem belgisch-niederländischen Grenzraum intensive Kontakte bestanden. In der Tat: Auch in der zweiten Hälfte des 19. Jahrhunderts gab es noch enge Beziehungen zwischen dem Kreis Eupen und dem Rest des ehemaligen Herzogtums Limburg, das 1815 durch den Wiener Vertrag zerrissen worden war. Die unnatürlichen Grenzen wurden oft überschritten und das nicht nur zum Schmuggeln. Es gab viele verwandtschaftliche Bindungen; bei den Kirmessen, bei den Vereinsfesten, bei den Jahrmärkten und besonders bei den Wallfahrten gab es viel Verkehr hin und her. So wallfahren noch 1873 die Ketteniser und Baelener gemeinsam zum niederrheinischen Wallfahrtsort Kevelaer. Das geht hervor aus einem Schreiben des Ketteniser Kaplans Schmitz vom 20. August 1873, worin dieser den Kölner Generalvikar bittet, ihm zu gestatten, sich „für die Führung der jährlichen Prozession von Baelen und Kettenis nach Kevelaer für die Dauer von 8 Tagen, nämlich vom 7. bis 15. September, aus der Pfarre entfernen zu dürfen."[1]

[1] Diözesanarchiv Aachen, Gvo Kettenis, 8 I.

Die alte Genofeva-Kirche in Holset b. Vaals, früher ein beliebtes Wallfahrtsziel vieler Pilger aus dem Eupener Land.

Mit Bedauern stellt Pfarrer Hout fest, daß seine Pfarrangehörigen sehr unter dem Einfluß der Stadt und des angrenzenden Belgiens stehen. Er sieht dadurch das Pfarrbewußtsein gefährdet und sinnt auf Mittel und Wege, diesen – wie er meint – schädlichen Einfluß auszuschalten. In einem vom 5. Juli 1899 datierten Brief[2] bittet er den Kölner Generalvikar um die Erlaubnis in der Kapelle an der Hochstraße die Statuen des heiligen Rochus und der heiligen Genofeva aufstellen und segnen zu dürfen. Unter dem 6. Juli bittet Kapitularvikar Kreuzwald[3] ihm zu berichten, ob der heiligen Genofeva in Kettenis eine besondere Verehrung entgegengebracht wird. Darauf antwortet Pfarrer Hout wie folgt:

Kettenis, den 7. Juli 1899

...Viele aus dieser Gegend pflegen jährlich nach Holset b. Aachen zu wallfahren, um durch die Fürbitte der heiligen Genofeva Befreiung von den verschiedensten Krankheiten, insbesondere aber von dem sogenannten „heiligen Feuer" (Gesichtsrose) zu suchen. Dicht an meiner Pfarrgrenze, aber schon in Belgien, in der Pfarre Baelen, liegt eine Genofeva-Kapelle, zu welcher am 3. Januar viele meiner Pfarrkinder wandern – wie ich vernommen habe, zur Abwendung von Kinder- und Viehkrankheiten. Ein Hauptgrund aber, der mich veranlaßte, freiwillige Gaben für die Anschaffung einer Genofeva-Statue in der erwähnten Rochus-Kapelle anzunehmen, war, meine Pfarrangehörigen in ihrer Pfarre festzuhalten. Meistens nämlich – aus Pächtern und Arbeitern bestehend – bei denen sich der städtische, namentlich der belgische Einfluß sehr bemerkbar macht in der unmittelbaren Nähe von Eupen mit seinen vielen Kirchen und Kapellen, in der Nähe von Aachen, Verviers und Lüttich wohnend, mit den Wegen sehr vertraut und wanderlustig, sind dieselben von altersher allzusehr geneigt, ihren religiösen Bedürfnissen anderswo als in der eigenen Pfarre zu genügen, wo sie aber nicht viel Gutes lernen und reichlich Gelegenheit haben, andere Bedürfnisse von nicht so idealer Natur zu befriedigen. Nur indem ich auf ihre Ansichten, Gewohnheiten und Wünsche eingehe – soweit diese statthaft sind –, gelingt es mir mehr und mehr, sie ihrer Pfarrkirche und damit der Leitung ihres eigenen Pfarrers zurückzugewinnen. Übrigens forderte die Ehre der Diözese an der Grenze, daß ich diese Kapelle in meiner Pfarre wieder in Ordnung brachte, da die innere Ausstattung geradezu entsetzlich war.

[2] Diözesanarchiv Aachen, Gvo Kettenis.

[3] Kapitularvikar: Verwalter der Diözese in der Zeit zwischen dem Tod eines Bischofs und der Ernennung eines neuen Bischofs.

Zu diesem Schreiben noch einige Erläuterungen:

G e n o f e v a : Bei der in unserer Heimat verehrten Heiligen handelt es sich um Genofeva von Paris. Ihre Fürbitte und ihr Mut sollen im Jahre 451 Paris beim Hunneneinfall gerettet haben. Sie starb am 3. Januar vermutlich des Jahres 451. Im Mittelalter war sie in Frankreich eine der beliebtesten Heiligengestalten.

H o l s e t : Die kleine, nur 130 Einwohner zählende Ortschaft, liegt im Süden von Niederländisch-Limburg, westlich von Vaals-Lemiers. Die Wallfahrt nach Holset erhielt einen deutlichen Aufschwung, nachdem im Jahre 1883 durch die Fürsprache der dort verehrten Heiligen eine Frau geheilt worden war. Gegenwärtig kommen jährlich noch etwa 12 000 Wallfahrer in das kleine Pfarrdorf. Die Oktav zu Ehren der hl. Genofeva beginnt jeweils am 3. Januar. Wallfahrtszeit ist während des ganzen Jahres. Regelmäßig zieht aus Aachen und Umgebung montags eine Fußgruppe nach Holset. (Weitere Einzelheiten bringt Dr. Dieter Wynands in seinem 1986 zu Aachen erschienen Werk „Geschichte der Wallfahrten im Bistum Aachen").

Bei der von Pfarrer Hout erwähnten Genofeva-Kapelle in der Pfarre Baelen handelt es sich um die heute in der Gemeinde Welkenraedt liegende Kapelle in der Nähe von Herbesthal-Baum. (Freundl. Mitteilung des Herrn Camille Meessen, Baelen).

Die Brigida-Kapelle in Merols

Wenn wir weiterwandern auf der alten Römerstraße, sehen wir zur Rechten Waldenburgshaus, früher auch Schloß Merols genannt, zur Linken Philippenhaus. Dann stehen wir vor der schmucken St. Brigida-Kapelle von Merols.

Auch sie kann irgendwie in Beziehung zur Frühzeit des Christentums in unserer Heimat gebracht werden. Über die alte Römerstraße sind ja auch die irischen Missionare zu uns gekommen, die einen wesentlichen Anteil gehabt haben an der Bekehrung unserer Vorfahren zum Christentum. Sie werden es auch gewesen sein, welche die Verehrung der heiligen Brigida bei uns verbreiteten. Die 523 verstorbene Brigida ist

Die Brigida-Kapelle in Merols. *Zeichnung: Fr. Nyns*

nämlich die Patronin Irlands. Sie wird auch verehrt als Beschützerin des Viehs. Darauf ist es wohl zurückzuführen, daß sie sich bei den Landwirten einer besonderen Verehrung erfreut. Mit der Feier ihres Festes am 1. Februar ist auch hier eine Gebetsoktav verbunden.

Auch diese Kapelle steht an einer wichtigen Wegkreuzung. Ein Weg zweigt nach Walhorn ab, das man zu Fuß in 20 Minuten erreicht, ein anderer über Raerenpfad nach Raeren. In nordöstlicher Richtung führt die Römerstraße weiter bis Magererb, wo sie sich gabelt: die Hauptlinie führt nach Kornelimünster, die andere über Langmüs und den Johberg nach Eynatten und Aachen.

Gegenüber von der Kapelle ist früher getöpfert worden; die Kapelle selbst steht auf einem Fundament von Töpferscherben und ist so gegen Feuchtigkeit geschützt. Links von der Kapelle befand sich früher ein Teich, wo die Pferde ihren Durst stillen konnten. Tankstellen für Autos brauchte man damals nicht, wohl aber Wasserstellen, wo die Zugtiere „auftankten". Aus den Aufzeichnungen des Walhorner Pfarrers Van den Daele (Pfarrarchiv Walhorn) aus dem Jahre 1764 geht hervor, daß damals neben der Kapelle verschiedene

Häuser standen, von denen eins das „Brauhaus" hieß. Hier konnten die Reisenden ihren Durst stillen.

Die Brigida-Kapelle auf Berlotte

Eine zweite Brigida-Kapelle steht auf Berlotte (Eynatten), ebenfalls am alten römischen Heerweg, der hier Kinkebahn genannt wird. Auch hier befindet sich eine wichtige Straßenkreuzung, da an dieser Stelle der von Aachen kommende und südwärts führende Öslinger Weg die Römerstraße schneidet. Auch hier brannten Töpferöfen.

Bürgermeister Johann Wildt (gest. 1695) vermachte in seinem Testament 50 Taler zur Errichtung einer Kapelle an der Straßenkreuzung auf Berlotte, damit dort Wanderer sich veranlaßt sähen haltzumachen und zu beten.

Die Erben legten das Vierfache des ursprünglich beabsichtigten Betrages an, und so entstand die kleine Kapelle im Jahre 1711 zur Ehre der heiligen Familie. Das Volk hat sie jedoch in Brigida-Kapelle umgetauft, ein Beweis dafür, wie sehr die Verehrung dieser Heiligen in unserer Heimat verwurzelt ist.

Hervorragend beteiligt an der Erbauung der Kapelle war der aus Eynatten stammende Wilhelm Wildt, der als Kanonikus am Aachener Münster wirkte (gest. 1722 im 74. Lebensjahr). Mit seiner Unterstützung wurden 1720 in der Gegend der Kapelle längs der Straße nach Rovert sieben Fußfälle errichtet. Sie stehen heute im Rahmen einer schmucken Grünanlage neben der Kapelle. Auch hier wird das Fest der heiligen Brigida am 1. Februar feierlich begangen.

Die Muttergottes-Kapelle auf dem Johberg

Kehren wir noch einmal zurück zur Brigida-Kapelle in Merols. Wie schon gesagt, zweigt in der Nähe dieser Kapelle ein Weg ab, der über Langmüs und den Johberg nach Eynatten und Aachen führt. Pilgerweg nannten ihn unsere Vorfahren. Auch an ihm wurden Kapellen errichtet. So stand auf Langmüs eine Kapelle zu Ehren der heiligen Margarete, die jedoch im Laufe der Jahre verschwunden ist. Wohl an ihrer Stelle befindet sich heute ein Heiligenhäuschen.

Auf dem Johberg steht seit 1958 eine Banneux-Kapelle. Im Laufe des Sommers 1958 wurde beschlossen, im folgenden Jahr die Fronleichnamsprozession über den Johberg zu führen, der bis dahin noch nie diese Ehre gehabt hatte, vermutlich, weil er früher unbewohnt war. Die Anwohner waren darüber so erfreut, daß sie spontan beschlossen, dort eine Kapelle zu errichten, die als Segensstation für die Fronleichnamsprozession, zugleich aber als Gebetsstätte während des ganzen Jahres dienen sollte. Schon am 8. Dezember des gleichen Jahres konnte die schmucke Kapelle geweiht und unter den Schutz der Gottesmutter gestellt werden.

Wegkapellen am Wynweg

Nun kehren wir noch einmal zurück zur Apostelteilungskapelle oder Rochuskapelle an der Hochstraße. Von diesem Zentrum aus führt ein uralter Weg über Walhorn-Kreuz, Lindchen, Preismühle, Astenet und Hergenrath nach Aachen. „Wynweg" oder Aachener Straße nannte man ihn früher. Er ist, wie schon dargelegt, der zweite der alten Wege von Eupen nach Aachen. Auch an diesem Weg finden wir Kapellen, so die schmucke, von Linden überschattete Kapelle „Am Lindchen". Sie stammt aus dem 18. Jahrhundert. Im Innern steht ein schlichter Barockaltar mit der Statue der Schmerzhaften Muttergottes. Sie war immer das Ziel vieler Beter, die ihr Leid und ihre Sorgen zur Mutter der Schmerzen hintrugen und neugestärkt heimkehrten.

Am gleichen Wynweg steht in Astenet die St. Johannes-Kapelle von freundlich-farbigem Aussehen und mit zierlichem Stabwerk. Ein wenig weiter – kurz vor dem Himmelsplatz – entstand in neuester Zeit die Kapelle zu Ehren der heiligen Katharina von Siena.

Alte Wegkreuze erzählen

Älteste Wegkreuze des Eupener Landes

An den Straßen und Wegen des Eupener Landes stehen auffallend viele Kreuze, besonders dort, wo zwei Wege sich gabeln oder kreuzen. Manche von ihnen haben ihre Geschichte, die wir jedoch nicht immer kennen, schon aus dem einfachen Grunde, weil vor dem Jahre 1600 keine Sterberegister geführt wurden.

Die ältesten noch bestehenden Wegkreuze sind wohl das sog. Kule-Kreuz in Raeren und das sog. Hirtenkreuz im Eynattener Feld, am Rande des alten Pilgerweges nach Aachen. [1]

Das Wilhelm Kule-Kreuz stammt aus dem Jahre 1581, wie aus der Inschrift hervorgeht: „Wilhelm Kule Hinrichson 1581". Aus welchem Anlaß es errichtet wurde, läßt sich nicht feststellen.

Dasselbe gilt für das sog. Hirtenkreuz in Eynatten. Es trägt die Inschrift „Domas Scheen 1584". Nach alter Überlieferung wurde das Kreuz errichtet zur Erinnerung an den Hirten Thomas Scheen, der an dieser Stelle bei einem Streit getötet wurde. Ob diese Überlieferung den Tatsachen entspricht, läßt sich nicht beweisen, da es keine schriftlichen Unterlagen über den Fall gibt.

Wer hat Förster Radermacher erschossen?

Über andere Kreuze wissen wir mehr, da es darüber Unterlagen in den Sterberegistern gibt. So steht im früheren Ortsteil Brand der Gemeinde Raeren – seit 1921 zu Aachen gehörend – ein sehr gut erhaltenes Kreuz aus Raerener Blaustein. Es hält das Andenken an den dort am 2. März 1793 erschossenen Förster Radermacher fest.

[1] Das Kule-Kreuz steht jetzt auf Raeren-Driesch, das Hirtenkreuz im Park des Herrn Franssen von Kortenbach, Eynatten.

Am 1. März 1793 erlitten die Franzosen, die Anfang Dezember 1792 unsere Heimat erobert hatten, bei Aldenhoven eine entscheidende Niederlage. Unter General Miranda flohen sie zurück. Ein größeres Detachement lagerte auf der Anhöhe beim ehemaligen Kloster Brandenburg (Raeren). Während sie sich bis dahin ziemlich gut aufgeführt hatten, nahmen sie am 2. und 3. März unter Plündern und Brandschatzen Abschied.

Zu den Opfern gehörte auch der Raerener Förster Jacob Radermacher.

Wie kam er ums Leben?

Bis vor kurzem war man der Meinung, er sei von den Franzosen erschossen worden. Wie die vom damaligen Pfarrer A. Vincken verfaßte Sterbeurkunde beweist, ist das gar nicht so sicher. Unter dem Eindruck der außergewöhnlichen Ereignisse, die sich damals in unserer engeren Heimat abspielten, hat der Seelsorger ausführlich über dieses Drama berichtet. Die Urkunde lautet wie folgt:

Am 5. März 1793 wurde auf unserem Kirchhof Jacob Radermacher-Gerards begraben, nachdem zwei Schöffen des Walhorner Gerichts die Leiche in Augenschein genommen hatten.
Er war der Gatte von Anna Maria Hompesch und starb im Alter von 50 Jahren. Er hinterläßt sechs Kinder, von denen das älteste sechzehn Jahre zählt.
Der königliche Förster Jacob Radermacher-Gerards wurde am 2. März gegen 4 Uhr morgens im Wald „Aachener Busch" genannt, durch eine Gewehrkugel getötet – entweder von den sich auf der Flucht befindlichen französischen Soldaten, die im Wald eine mit Geld, Wäsche und anderen Sachen gefüllte Truhe versteckt hatten, oder von den nachfolgenden österreichischen Scharfschützen, welche die Franzosen verfolgten.
Die grüne Uniform des Försters hatte viel Ähnlichkeit mit der Uniform der Franzosen. Außerdem führte er ein Gewehr mit sich...
Der 2. und 3. März waren schreckliche und sehr gefährliche Tage, nicht nur für meine Pfarre, sondern auch für das ganze Vaterland, desgleichen für die angrenzenden Gebiete Aachen, Kornelimünster und Jülich....

A. Vincken, Pastor von Raeren und Neudorf

Gedenkkreuz Jacob Radermacher. *Zeichung: P. Emonts-pohl*

Aus dieser Urkunde geht klar hervor, daß man nicht weiß, wer den Förster erschossen hat. Die Frage wird wohl nie geklärt werden.

Ein Drama am alten Karrenweg von Raeren nach Aachen (7. Mai 1802)

Unweit vom heutigen Zollamt Köpfchen, in der Nähe der Zyklopensteine, wo heute der Landgraben die Grenze bildet, verlief der uralte Karrenweg – der Öslinger Weg – zwischen Raeren und Aachen. Dort stand, bis vor kurzem versteckt im Gebüsch, ein ziemlich gut erhaltenes Blausteinkreuz mit der Inschrift:

ANNO 1802 DEN ... MAI IST
DER EHRSAME BÜRGER ETMUND KEVER
DE RAEREN JAMMERLICH UMGEBRACHT
WORDEN R.I.P.

Unter welchen Umständen hat sich dieses Verbrechen zugetragen? Wer hat Edmund Kever ermordet?

Im Raerener Sterberegister hat der damalige Pfarrer Reuter dazu folgende Eintragung gemacht:

Am 7. Mai 1802, gegen 9 Uhr morgens, wurde Edmund Kever im Aachener Wald auf tragische Weise aus dem Leben gerissen. Am 8. Mai wurde er von zwei seiner Söhne, die ausgegangen waren, ihn zu suchen, im obengenannten Wald tot aufgefunden. Am 10. Mai ist er auf unserem Kirchhof begraben worden.

Mehr sagt die Urkunde nicht. Mündlich ist in der Familie Kever folgendes überliefert: Edmund Kever (geb. am 9. Mai 1741 als Sohn der Eheleute Wilhelm Kever und Anna Maria Pesch) war Fuhrmann und befand sich mit einer Ladung Lohe unterwegs zu einer Lederfabrik in Wickerath bei Rheydt. An dem betreffenden Abend hörten seine Angehörigen auf einmal Pferdegetrappel. Sie ahnten nichts Gutes und alarmierten die Nachbarn. Mit den Söhnen beteiligten sich das halbe Dorf an der Suche nach dem Vermißten. (Freundl. Mitteilung des Herrn P. Müllejans, eines Nachkommen des E. Kever).

Im September 1971 wurde auf Anregung des Herrn Paul Müllejans aus Aachen und unter der freundlichen Mithilfe des Hauseter Försters Herrn Dechaineux das alte Wegkreuz um einige Meter an die neue Führung des heutigen Waldweges versetzt, so daß die Wanderer es wieder aus der Nähe be-

Gedenkkreuz Edmund Kever. *Zeichnung: P. Emonts-pohl*

trachten können. Durch die Verlegung des alten Weges war es lange Zeit nicht mehr sichtbar gewesen, da rundherum eine Aufforstung vorgenommen worden war.

Wie im Jahre 1865 ein Raerener Jäger verunglückte

Unweit vom Gutshof Bickelstein in Raeren steht ein schönes Wegkreuz aus Blaustein mit der Inschrift:

HIER ENTSCHLIEF AM 5. NOV. 1865
HEINRICH HAGELSTEIN
Betet für seine Seele!

Gedenkkreuz Heinrich Hagelstein. *Foto: Paul Gielen*

Im Sterberegister der Pfarre Raeren befindet sich darüber folgende Eintragung: Heinrich Hagelstein, Ehegatte von Anna Maria Rosewick, starb plötzlich am 5. November 1865 im Alter von 33 Jahren und wurde am 8. November beerdigt.

Über die Umstände dieses unerwarteten Todes wußten betagte Anwohner folgendes zu berichten:

Heinrich Hagelstein, wohnhaft in der Rott und von Beruf Fuhrmann, befand sich auf der Jagd. Es gab damals in unseren Wiesen viel mehr Kaninchen als heute – manchmal zum Leidwesen der Landwirte. Nicht nur Berufsjäger machten Jagd auf sie, auch andere stellten ihnen nach und sei es nur, um die schmale Kost der damaligen Zeit durch einen saftigen Braten zu verbessern.

Am besagten 5. November 1865 war Heinrich Hagelstein unterwegs, als er in der Wiese zwischen Bickelstein und Höf herumhopsende Kaninchen erblickte. Vom Jagdfieber gepackt, wollte er schnell durch ein Loch in der Hecke kriechen. Dabei geschah das Unglück. Er hielt sein Gewehr so ungeschickt, daß ein Schuß losging und ihn auf der Stelle tötete.

Heinrich Hagelstein war erst seit sechs Jahren verheiratet. Seine Frau hatte ihm in dieser Zeit fünf Kinder geschenkt – das jüngste war erst am 16. Oktober 1865 zur Welt gekommen, zählte also erst ein paar Wochen.

Überhaupt war das Jahr 1865 für die Familie Hagelstein ein Unglücksjahr, wie aus dem Sterberegister der Pfarre Raeren ersichtlich ist. Nicht weniger als drei Kinder hatten sie in diesem Jahr verloren: am 25. Januar Katharina (4 Monate alt), am 25. Juli Josef (5 Jahre) und am 4. September Hubert (3 Jahre). Diese Tatsache wirft ein Licht auf die große Kindersterblichkeit der damaligen Zeit, verursacht durch Unterernährung, mangelnde Hygiene und Seuchen.

Man kann sich das Leid der jungen Gattin vorstellen, als sie die Schreckensnachricht vom tragischen Tod ihres Mannes erhielt.

Der Werth: Eupens schönster Platz

Was er alles gesehen hat

Zwei öffentliche Plätze zählt die Stadt Eupen: den Marktplatz und den Werthplatz. Der schönste und geräumigste ist ohne Zweifel der Werthplatz. Zwar haben früher die Volksversammlungen – z.B. für die Bürgermeisterwahl – und die Märkte auf dem Marktplatz vor der St. Nikolauskirche stattgefunden, jedoch waren die Eupener Stadtväter gut beraten, als sie nach dem Ersten Weltkrieg den Wochenmarkt zum Werthplatz verlegten, wo sich Handel und Wandel viel besser entfalten können.

Wer das Dreiländereck mit seinen verschiedenen Volks- und Sprachengruppen so recht erleben will, der möge freitags einen Abstecher zum Werthplatz machen. Ein vielfältiges Stimmengewirr empfängt ihn dort. Deutsch, Französisch, Niederländisch, Plattdeutsch,.. in all diesen Sprachen unterhalten sich die Käufer und preisen die Händler ihre Waren an. Zwar quieken hier keine Ferkel und gackern keine Hühner mehr wie in den zwanziger und dreißiger Jahren unseres Jahrhunderts. Sonst aber ist so ziemlich alles zu haben, was das Herz begehrt: Milchprodukte aus dem Herver Land, Brot und Fladen aus der Eifel, Obst und Gemüse aus dem Haspengau, Blumen und Zierpflanzen aus Limburgs Gärtnereien, Schokolade und Bonbons, Kessel und Bratpfannen, Kleider und Hosen, ... um nur einiges zu erwähnen.

Was hat der Werthplatz im Laufe der Jahrhunderte doch alles gesehen und erlebt! Wenn sie erzählen könnten die stolzen Kaufmannshäuser, die den großen Platz umsäumen, wie interessant und spannend wäre das! Sie sahen zur Glanzzeit der Eupener Tuchindustrie ein fast ununterbrochenes Kommen und Gehen. Wolle und Hilfsmaterialien wurden von den Einwohnern Eupens und der benachbarten Dörfer bei den Kaufleuten abgeholt und im offenen Bach gewaschen, um dann zu Hause zu Fäden gesponnen zu werden. Jedoch brachte die Einführung der Maschinen zu Beginn des 19. Jahrhunderts eine vollkommene Umwälzung mit sich. Viele Arbeiter mußten entlassen werden und wurden brotlos. Als im Jahre 1821 in einem der Werkräume auf dem Kaperberg eine Zylinderschermaschine aufgestellt wurde, welche die Arbeit vieler Handwerker tun konnte und diese brotlos machte, drangen die erbitterten Scherer in die Werkstätte ein, zerschlugen die Maschine und warfen die Trümmer in die „Herk", d.h. in den vom offenen Stadtbach gebildeten Teich am unteren Teil des Werthplatzes. Allein der Siegeszug der Technik war nicht aufzuhalten.

Lange Zeit lag das Bachbett im Werth und in Gospert offen, bis es 1866-1867 überwölbt wurde. Eine große Pumpe jedoch spendete auf dem Werthplatz weiter das kostbare Naß, bis die Einführung der Wasserleitung sie überflüssig machte. Jung und alt gaben sich hier beim Wasserholen ein Stelldichein. Insbesondere die Frauen fanden hier Gelegenheit, die wichtigsten Stadtneuigkeiten auszutauschen.

Auch von bösen Überschwemmungen wüßte der Werth zu berichten. Die schlimmste seit Menschengedenken war die vom 24. Juni 1953, als nach einem zweistündigen Wolkenbruch zwischen 13 und 15 Uhr der mit Gewalt eines Bergbaches heranbrausende Stadtbach sich über Werth, Gospert und Klötzerbahn ergoß.

Oberbürgermeister Mooren, der aus Eupen eine „grüne Stadt" gemacht hat, ließ in den achtziger Jahren des vorigen Jahrhunderts auch den Werth mit Bäumen bepflanzen, die in den späteren Jahren den belebten Platz zu einer schattigen Oase machten. Leider haben sie fast alle dem stark angewach-

Der Werthplatz. *Foto: H. Weisweiler*

senen Verkehr weichen müssen. Die vielen Autos wollen irgendwo Raum finden. So ist der schöne Werth zu einem großen Parkplatz geworden, wo benzingeschwängerte Luft den Besucher empfängt.

Auch die jährliche große Kirmes findet im Werth und in der anliegenden Gospertstraße statt. Statt der lieblichen Orgelmusik des Hülster-Karussells sorgen heute die Lautsprecher dafür, daß ein unerträglicher Lärm den weiträumigen Platz erfüllt und die Hörorgane strapaziert. Sein eigenes Wort versteht man nicht mehr. Wir leben eben im Zeitalter des Lärms.

Der obere Teil des Werthplatzes wird durch das am 1. September 1912 eingeweihte Kriegerdenkmal eingenommen. Viel Prominenz, viel zylindertragende Herren und schaulustige Damen hatten sich an diesem Tag hier eingefunden. Die Vorderseite des Denkmals trägt die Widmung: „Seinen gefallenen Söhnen – der Kreis Eupen". An den Seiten des Postaments sind die Namen der in den Kriegen 1866 und 1870/71 gefallenen Soldaten des Kreises Eupen eingemeißelt.

Und wenn der Werthplatz erst anfinge zu berichten von den frohen Festen, die er im Laufe der Zeit erlebt hat, des Erzählens wäre kein Ende! Welch feierlich-erhabene Stimmung herrschte bei den Fronleichnamsprozessionen, bei den Christkönigsfeiern in den dreißiger Jahren unseres Jahrhunderts und auch noch nach dem Zweiten Weltkrieg, wenn sich ein riesiger Lichterzug zum Werth begab! Wie fröhlich ist jedes Jahr das Martinsfest am 11. November, wenn helle Kinderstimmen singen: „Ich geh mit meiner Laterne...", und St. Martin vor der Kulisse des Stadttores von Amiens seinen Mantel teilt!

Eine ehemalige Eupenerin erlebt das Wiedersehen mit dem Werth und seiner Umgebung

Martha Mellek, Tochter eines Beamten, der zur deutschen Zeit in Eupen tätig war und nach dem Ersten Weltkrieg unsere Stadt verließ, schilderte in einem Beitrag für die Zeitschrift „Echo aus Eupen-Malmedy-Monschau", Dez. 1939, äußerst lebendig und anschaulich ihr Wiedersehen mit Eupen. Sie schreibt:

Die Werthkapelle in Eupen nach einem Gemälde von A. Christmann.

„Es ist immer ein neues Erlebnis, durch die altvertrauten Straßen und Gassen zu wandern, an liebgewordenen Stätten erinnernd zu verweilen und sinnend zu vergleichen: einst und heute.

Da ist am untern Hook die kleine, aber rege besuchte Fritüre von Roderburg. Wie einst tritt man unvermittelt von der Straße in die Küche und findet dort im Winkel den riesigen ziegelgemauerten Herd, überdacht von einem rußgeschwärz-

Ecke Werth-Holftert im Winter (um 1910).   *Zeichnung: H. Jöres*

ten weiten Rauchfang, und wie ehedem rieselt die Asche lustig auf den blanken Blausteinboden. Noch immer steigt man enge, ausgetretene Stufen neben dem Herd zum Gästezimmerchen hinan und kann sich allda knusprig gebackene Fritten nach Eupener Art auf den weißgescheuerten Tisch stellen lassen. Wo gibt es das noch landauf, landab?

Über unsern schönen Werth ist schon so oft und so eingehend geschrieben worden, daß man's sich füglich sparen könnte, diesen für alle Eupener so erinnerungsreichen Platz immer wieder zu nennen.

Aber Eupen und sein Werth gehören zusammen. Die altehrwürdigen stadt- und familiengeschichtlichen Tuchmacherhäuser, die dem Werth sein stolzes Gepräge geben, stehen heute wie verschlafen und scheinen von längst vergangenen Zeiten des Glücks und des Wohlstandes zu träumen. Davon künden insbesondere die hohen Fenster und die breitausladenden Freitreppen. Aber heute liegt über dem hohen Mennickenhaus ein Hauch von Vergessenheit.

Durchs Hisselsgäßchen gehen ist mir bei meinen Eupenfahrten zum lieben Brauch geworden. Hier grüßt mich ein Stück Kinderland in unserm alten Garten, dessen moosbewachsene Mauer am Gäßchen enlang geht. Und die Laube winkt herüber: Weißt du noch? Ja, ich weiß noch. Wohnte da einst unserem Garten gegenüber, in einem der grauen, kleinen Häuschen, ein biederer Schuster. Ein Schild neben der Tür mit einem Riesenstiefel drauf gemalt, tat es jedem kund zu wissen. Meister Knieriem war aber nicht nur ein fleißiger Schuster, sondern auch ein gewaltiger Sänger vor dem Herrn, und von ihm habe ich, ohne daß er es wußte und ahnte, die schönsten Eupener Lieder gelernt:

Wie schön ist das ländliche Leben. Peng! Peng!
Mein Häuschen steht auf grünender Flur. Peng! Peng!
Von schattigen Bäumen umgeben. Peng! Peng!
Wie schön ist doch Gottes Natur. Peng! Peng!

Und dann erklang jeweils die schwermütige Geschichte von dem Wandersmann, der in die Heimat zurückgekehrt, seine untreue Liebste als Gespons eines anderen wiederfindet. Der griff nicht zu Dolch und Revolver, der Heimkehrer nämlich. Der sang nur ganz schlicht und im Hisselsgäßchen konnten's alle vernehmen:

Echte Liebe hat du nie gehegt,
aber Blumen hast du mir gepflegt.
Drum reich mir, holde Gärtnersfrau,
'nen Strauß von deinen Veilchen dunkelblau.

Es war ungemein rührend. Das Lied nämlich. Und während unser Hans Sachs also singendweise seine Stiefel bearbeitete, lagen wir hinter der Gartenmauer im Grase, lauschten andächtig und sangen leise mit. An diese Idylle aus längstver-

H. Jöres: Alte Häuser in der Hisselsgasse.

gangenen Tagen mußte ich denken, als ich heute die Hisselsgasse hinaufschritt.

Wohl jedes der alten Häuschen an der ansteigenden Hisselsgasse könnte von treuem Fleiß und schwerem Ringen um das tägliche Brot Alteupener Handwerker erzählen, denn es sind fast ausschließlich ehemalige Weberhäuschen. Um die Zeit, als am Werth und in der Gospertstraße die stolzen Bauten der Kaufherren und Wollhändler entstanden, hatten die Heimweber und die ihnen verwandten Berufe der Scherer, Wäscher und Walker, deren ärmliche Behausungen an den hinteren Gassen und Wegen lagen, oft unter bittersten Notständen zu leiden. Man sieht's den winzigen Fenstern heute noch an, daß den Menschen, die einst hinter ihren vom frühen Morgen bis in die sinkende Nacht um geringen Lohn surrenden Webstühlen schafften, ein gerüttelt Maß Mühseligkeit und Beladenheit des Lebens zuerteilt war.

„Iberen" las ich einmal, ist keltischen Ursprungs und bedeutet „Pferdewiese". Das fuhr mir just so durch den Sinn, als ich die vertrauten Pfade über die Wiesenhöhen wanderte... Herrlich weit kann man das Land und die heimatliche Oberstadt schauen.

Eingebettet, wie wohlgeborgen, liegt sie da, breit und unregelmäßig, in einem weiten Kranz grüner Wiesen und Dornhecken. Und Dach und Dächer und Giebel und Gemäuer werden überragt und beherrscht von den altersgrauen, ehrwürdigen Nikolaustürmen und dem in zierlich beschwingter Gotik hochstrebenden Turm der evangelischen Kirche an der Klötzerbahn."

Eupen-Oberstadt, von den Ibern aus gesehen.

Abstecher in das „Gelobte Land"

Nispert und die Nisperter

Glückliche Menschen

„Das" Gelobte Land. – So wird die Ortschaft Nispert im Ostteil Eupens scherzweise vom Volk genannt. Die Festwiese der Schützen, wo das Wettschießen stattfindet, und die Einwohner sich früher belustigten, nennt man sogar den „Himmel". Spiele aller Art wurden hier veranstaltet, so der „Dans open Klompe" (Holzschuhtanz), das „Käll eite" (gemeinsames Milch-Suppe-Essen aus großen Kübeln) und das „Pott-Schlagen". Beim Pott-Schlagen wurde die beste Teilnehmerin zur Königin erwählt und natürlich entsprechend gefeiert.

Nispert, das im Gegensatz zur Stadtmitte Eupens noch vom hektischen Verkehr verschont bleibt und beschauliche Ruhe ausstrahlt, scheint also etwas Besonderes an sich zu haben und glückliche Menschen zu zählen.

Warum ist ausgerechnet an dieser Stelle eine Siedlung entstanden?

Für die Wahl eines Siedlungsplatzes waren früher zwei Faktoren von entscheidender Bedeutung: Wasser und eine günstige Verkehrslage. Der Name „Nispert" bedeutet „Ort am Bach". In der Tat liegt die Ortschaft am Zusammenfluß von zwei Bächen, dem sog. Schimmerich-Bach oder Stadtbach und dem von den oberen Siepen herkommenden Haasbach oder Hasebach – beide heute überwölbt. In alten Urkunden wird der Haasbach auch Scheidbach genannt, weil er die Grenze bildete einerseits zwischen den Gemeinden Kettenis und Eupen, andererseits zwischen den Banken Walhorn und Baelen. Auch zahlreiche Brunnen gab es früher in Nispert, wie aus folgender Notiz der Eupener Bürgerzeitung vom 23. November 1907 hervorgeht:

„Wir wir hören, herrschen unter den Bewohnern von Nispert Meinungsverschiedenheiten über die Einführung der Wasserleitung dorthin. Viele befürchten, daß dann zahlreiche dort vorhandene Brunnen mit ausgezeichnetem Trinkwasser geschlossen würden. Sie sind auch der Meinung, daß vielleicht eine einfache Rohrlegung Nispert herunter, das im oberen Teil sehr wasserreich ist, genügen würde, um in ganz Nispert gutes Wasser in Hülle und Fülle zu schaffen."

Nispert ist also ein sehr wasserreicher Ort und hat deshalb in einer Zeit, wo es noch keine Talsperren und Wasserleitungen gab, die Siedler besonders angezogen.

Fernwege

Hinzu kommt, daß Nispert am alten Fernweg liegt, der von Eupen aus über einen Höhenrücken nach Raeren und weiter nach Nordosten führt. „Nisperter Gasse" oder „Langgasse" heißt dieser Weg im Volksmund. Wobei zu bedenken ist, daß der Name „Langgasse" immer auf einen alten Fernweg hinweist. Dieser Weg, die Langgasse, war die Hauptverbindung zwischen Eupen und Raeren, bis zur Eröffnung der sog. Aktienstraße im Jahre 1828, d.h. der heutigen Chaussee Eupen-Aachen, die in Merols Anschluß nach Raeren gibt. Diesen alten Fernweg, die Langgasse, nahmen die Eupener auch, wenn sie nach Kornelimünster pilgerten. Es gibt in Nispert ein Gäßchen, daß die Einwohner „Knälles-Gätzke" nennen, d.h. das Korneliusgäßchen. Seine Verlängerung mündet in die Langgasse, also in den Fernweg, der in Richtung Raeren-Kornelimünster führt. Ein anderer Fernweg muß viel benutzt worden sein. Es ist der Scheidweg, d.h. der Grenzweg zwischen den Banken Walhorn und Baelen und den Gemeinden Kettenis und Eupen. Von der alten Römerstraße, der sog. Hochstraße herkommend, führt er über Schnellewind und Oberste Heide nach Nispert, erklimmt den Nisperter Höhenrücken, um oberhalb der „Rolle" in den Schönefelderweg zu münden, das heißt in den alten Fernweg nach Monschau.

Schon 1547 eine Brauerei und ein Wirtshaus

Wie aus dem alten Laetbuch Stockem-Eupen hervorgeht, gab es bereits 1547 in Nispert ein Bierbrauerei, was wohl auf die günstige Verkehrslage zurückzuführen ist. Daß mit einer Brauerei auch ein Wirtshaus verbunden war, galt für die damalige Zeit als selbstverständlich. Auf dem Weg nach oder von Raeren kamen an dieser Stelle viele durstige Menschen vorbei, so daß das Wirtshaus sich über mangelnden Zuspruch nicht zu beklagen hatte. Wenn der Brauer in seinem Hause für die durstigen Menschen sorgte, so durfte doch auch das Vieh nicht vergessen werden. Es gab darum, wie aus dem schon erwähnten Laetbuch hervorgeht, auch eine gemeinschaftliche Tränke (drenck).

Eine Industrieanlage

Der Wasserreichtum der Ortschaft Nispert begünstigte natürlich auch die Anlage einer Fabrik. Im Mittelpunkt, am Zusammenfluß der beiden Bäche und am Schnittpunkt der beiden Fernwege, steht das stattliche Patrizierhaus, das der Kaufmann Görtz um 1724 erbauen ließ. In den angrenzenden Gebäulichkeiten unterhielt er einen Färbereibetrieb, in dem er einige Nisperter Einwohner beschäftigte. Andere verdienten ihr Brot als Hausweber oder als Landwirte.

Eine Kapelle, an der das Herz der Nisperter hängt

Neben dem Patrizierhaus mit seiner reizvollen Parkanlage steht die 1748 eingeweihte Kapelle. Sie ist ein Werk des berühmten Aachener Architekten Johann Joseph Couven und ist typisch für den damals herrschenden Rokoko-Stil. Sie führt den Titel „Johannes-Enthauptung", der auch von der Nisperter Schützengesellschaft übernommen worden ist. Johannes der Täufer wurde ja gerade im 18. Jahrhundert sehr verehrt. Anscheinend war die Kapelle von vornherein nicht so sehr als Hauskapelle einer Familie, sondern vor allem als öffentliche Kapelle für die Arbeitnehmer, die Landwirte und Handwerker sowie die betagten Leute Nisperts gedacht. Der Weg nach Eupen bestand vor 200 Jahren nur aus einer armseligen Gasse und war – besonders bei schlechtem Wetter – sehr mühsam. Dies geht auch hervor aus einem Schreiben von Pfarrer Franz Joseph Klausener, datiert vom 18. Juni 1826, das im Aachener Diözesanarchiv aufbewahrt wird. [1]

Es handelt sich um ein Gesuch an die bischöfliche Behörde, worin Klausener darum bittet, einem Priester von St. Nikolaus zu gestatten, sonntags zu binieren, d.h. zwei heilige Messen zu feiern. Er begründet sein Gesuch wie folgt: „Die Einwohner von Nispert kommen eifrig zu den Pfarrgottesdiensten und werden die ihnen erwiesene Gunst nicht mißbrau-

[1] Dek. Eupen, Visitationsberichte 1817-1917, Nr. 18082.

chen. Es gibt dort ziemlich viele Betagte und Kranke, und sie hängen sehr an dieser Kapelle, die ein sehr schmucker Bau ist." Diese Anhänglichkeit ist auch heute noch festzustellen. Die Nisperter bringen gerne die nötigen Opfer für den Unterhalt und die Verschönerung ihrer Kapelle.

Wer aufmerksam den Höhenrücken Nisperts hinansteigt, wird so manch schmucke Blausteinfassade mit baukünstlichen Verzierungen sowie prächtige Haustüren an den alten Bürgerhäusern entdecken.

„Amicitia": ein eigener Gesangverein für Nispert

Im Frühjahr 1874 beschlossen einige sangesfrohe Arbeiter aus Nispert die Gründung eines Gesangvereins. Es waren folgende, in Nispert wohnhafte Sänger: Heinrich Thess, Johann Thess, Jacob Otten, Peter Völl, Nicola Niessen, Josef Gerckens, Leonhard Thyssen, Johann Dericum und Peter Jerusalem. Franz Krings und Martin Schmitz aus Eupen sind ebenfalls zu den Gründern zu zählen. Da die genannten Sänger gute Freunde waren, gaben sie dem jungen Verein den Namen „Amicitia", d.h. Freundschaft. Als Chorleiter wählte man Heinrich Thess. Einmal wöchentlich fanden im Lokal Schumacher in Nispert Gesangproben statt.

Neben dem weltlichen Gesang widmete die „Amicitia" sich auch dem Kirchengesang und verschönerte an hohen Festtagen den Gottesdienst in der Nisperter Kapelle, was von den Einwohnern Nisperts sehr begrüßt wurde. Aus Anlaß der Nisperter Kirmes wurde in jedem Jahr ein Vereinsfest abgehalten, bestehend aus Gesang, Theater und Tanz. In späteren Jahren kamen auch Weihnachts- und Karnevalsfeste hinzu.

Die meisten Einwohner Nisperts verdienten damals das tägliche Brot mit der Hausweberei. Der stetige Rückgang und schließlich der vollständige Niedergang dieser Hausindustrie zwang jedoch viele, sich auswärts ein neues Arbeitsfeld zu suchen und sich auch dort niederzulassen. Der „Amicitia" gingen dadurch so manche treue Sänger verloren, und sie freute sich, daß auch junge Sänger aus Eupen zu ihr stießen.

25jährige Jubelfeier

Daß die Nisperter ihren Gesangverein schätzten, beweist der Bericht über die 25jährige Jubelfeier in der „Eupener Zeitung" vom 18. Juli 1899. Es heißt dort:

Die 25jährige Jubelfeier des Gesangvereins Amicitia in Nispert begann am Samstagabend mit einer Serenade zu Ehren des Jubelpräsidenten Herrn Peter Jerusalem, dem darauf sein Bild in silberbekränzter Fassung überreicht wurde. Sonntagmorgen zog der Verein in Begleitung der Nisperter St. Johannes-Enthauptungs-Bogenschützen von seinem Lokal durch den festlich geschmückten Ort zu der Wohnung des Ehrenmitglieds Herrn Wilhelm Theß, in dessen Haus die Amicitia gegründet wurde, dann zu der Wohnung des Präsidenten Herrn Peter Jerusalem, und darauf zur Nisperter Kapelle, um dem feierlichen Hochamt beizuwohnen. Auch Abordnungen verschiedener anderer Vereine, so des Cäcilien-Vereins von St. Nikolaus, der Liedertafel, des Arbeiter-Gesangvereins, des Gesellen- und des Jünglingschores hatten sich mit ihren Fahnen dazu eingefunden. Nach dem Hochamt, das von dem Jubelverein gesungen wurde, stellten sich die Vereine vor dem Fettweisschen Hause auf, worauf der Eupener Harmonie-Musik-Verein dem dort wohnenden Rektor der Nisperter Kapelle, Herrn Hientgen, ein Morgenständchen brachte. Herr Hientgen dankte in kurzen Worten und wünschte dem Verein einen weiteren schönen Verlauf des Festes ... Nach Rückkehr zum Vereinslokal trug zunächst die Amicitia einen Chor vor. Dann sprach ein Kind ein Gedicht, das mit einem Hoch auf den Verein schloß. Nunmehr überreichte Herr Johann Derikum nach Worten der Anerkennung im Namen der Ehren- und inaktiven Mitglieder der Amicitia eine prachtvolle, von Herrn Goldschmied Fritz Toussaint verfertigte neue Fahnenspitze. Dann folgte die Übergabe einer von den Nisperter Damen gestifteten hübschen Fahnenschleife, eines Silberkranzes von seiten der Nisperter Bogenschützen, eines Lorbeerkranzes von seiten des Cäcilienchores von St. Nikolaus und herrlicher Blumensträuße von seiten des Cäcilienvereins ... Herr Jerusalem dankte in seiner Ansprache für die der Amicitia zuteil gewordenen Ehrungen ... Nachmittags bewegte sich vom Schilsweg ein großartiger Festzug, an dem 23 hiesige und auswärtige Vereine mit ihren Fahnen teilnahmen unter den Klängen von 12 Musikkapellen durch die Straßen der Stadt

Die von dem berühmten Aachener Architekten J. J. Couven entworfene Kapelle in Nispert. *Foto: H. Weisweiler*

nach Nispert zur Festwiese, wo sich alsbald ein Leben entwickelte, wie der kleine Vorort es selten erlebt haben dürfte ... Die Veranstaltungen am Nachmittag hatten Tausende von Menschen nach Nispert gelockt, so daß in der Festwiese trotz der getroffenen Vorkehrungen nur schwer ein Sitzplatz auf-zutreiben war ...

Mit Anfang des Jahres 1912 sah der Verein sich genötigt, seinen Geburtsort Nispert zu verlassen. Da er zum größten Teil aus Eupener Sängern bestand, verlegte man das Vereinslokal zum Hotel Koch in Eupen.

Was das Eupener Adreßbuch von 1882 über Nispert berichtet

In den meisten Haushaltungen klapperte der Webstuhl.117 Haushaltungen zählte Nispert im Jahre 1882. Davon widmeten sich 63 – also über die Hälfte – der Hausweberei. Nispert war also – ähnlich wie Kettenis – ein Weberort geworden. In den letzten Jahrzehnten des 19. Jahrhunderts nahm die Zahl der mechanischen Webstühle immer mehr zu, und die Zahl der Aufträge für die Hausweberei immer mehr ab. Dies führte dazu, daß eine Reihe Einwohner Nispert verließen, um anderswo Arbeit zu suchen. In manchen Weberfamilien herrschte bittere Not. Manchmal reichte der sauer verdiente Lohn nicht aus, um das tägliche Brot zu bezahlen.

7 Ackerer zählt das Adreßbuch auf. Es muß also 1882 neben den Wiesen auch eine ganze Anzahl von Äckern in Nispert gegeben haben.

Auch einen Kuhhirten mit Namen Wollgarten gab es 1882 in Nispert. In vielen Familien hielt man eine Kuh nach dem Motto „Eine gute Kuh deckt Not und Armut zu". Weideland aber besaßen die wenigsten. Man brauchte deshalb einen Kuhhirten, der die Kühe in den Wald trieb. Zu Beginn der Amtszeit Moorens gab es in Eupen zwei Weidegänge, d.h. zwei getrennte Herden, die tagtäglich unter Führung eines Kuhhirten zum Wald zogen, einen für Nispert und einen für den Schilsweg. Die Forstverwaltung war keineswegs davon erbaut, daß Menschen und Vieh in dem von ihr gepflegten Wald beliebig herumstreiften und nicht selten Kulturen beschädigten. Sie machte darum Schwierigkeiten und wünschte die Aufhebung der Weidegänge. Bürgermeister Mooren wollte die Weidegerechtsame aber nur abtreten unter der Bedingung, daß der Staat der Stadt Eupen einen Teil des Hertogenwaldes gab. Bis zur Erreichung dieses Zieles mußten deshalb die Weidegänge erhalten bleiben. In einer Stadtratssitzung des Jahres 1882 sagte Mooren:

„Meine Herren! Vor einigen Tagen wurde mir mitgeteilt, daß die Nisperter Dorfherde aufgelöst worden ist, weil einige Viehbesitzer nicht die Kosten für den Hirten aufbringen können. Mit Rücksicht darauf, daß die Präsenzstärke der Herde vielleicht auf die Festsetzung der Ablösungssumme im Hertogenwald von Einfluß sein wird, und da auch für Nispert

Hauseingang in Nispert. *Foto: M. Kalff*

So wurden früher – vor Einführung der Melkmaschine – die Kühe gemolken.

selbst diese Gerechtsame von großem Nutzen sein kann, fand gestern eine Versammlung der Interessenten zur Besprechung dieser Angelegenheit im Lokale Vilvoye (Nispert) statt..." Mooren erklärt dann, welche Schritte er unternehmen wird, um wieder eine Dorfherde in Nispert zusammenzubekommen. Erst 1893 erreichte Mooren sein Ziel. Er trat die Weidegerechtsame ab, wofür Eupen dann seinen Stadtwald erhielt. Damit hatte auch der Kuhhirt ausgedient.

Besitzer des Färbereibetriebes (neben der Kapelle) war Rudolf Fettweis. Die Fabrik beschäftigte jedoch nur einige wenige Arbeiter. 1882 gab es in Nispert einen Kleinwarenhänder, namens Peter Mockel, bei dem die Einwohner Zucker, Kaffeebohnen, Mehl und... Petroleum kaufen konnten. Die Einnahmen müssen jedoch recht mager gewesen sein, so daß neben dem Laden auch ein Webstuhl klapperte. Dasselbe galt für den Wirt, Thomas Vilvoye.

Die Schützen

Heutzutage führt ein bequemer Weg nach Eupen, und fast jede Familie verfügt über ein Auto. Bis auf eines sind alle Geschäfte (Bäckerei, Metzgerei, usw.) eingegangen. Auch der eigene Gesangverein besteht schon lange nicht mehr. Ja, sogar das alte Wirtshaus und Versammlungslokal hat seine Pforten geschlossen. Jedoch so ganz rechnen die Nisperter sich auch heute noch nicht zu Eupen. Sie bilden gleichsam ein kleines Dorf für sich, wenn die Eigenständigkeit durch die vielen Neubauten auch nicht mehr so stark ist wie früher. Dafür sorgt die 1857 gegründete Bogen-Schützengesellschaft unter dem Titel „St. Johannes-Enthauptung". Sie organisiert auch die eigene Kirmes, die mit einem sonderbaren Brauch schließt: Das Begräbnis des Schinkenknochens, wohl eine Erinnerung an den reichlichen Fleischgenuß an den Kirmestagen – wenigstens in früheren Zeiten.

Licht in der Finsternis

Wie unsere Vorfahren Nacht und Dunkel zu besiegen suchten

Der Hof „Zu den Bickelsteinen" in Raeren, wo ich seit dem 9. Lebensjahr meine Heimat hatte, lag weitab vom Dorfzentrum. So mag es gekommen sein, daß er erst 1941 an das Stromnetz angeschlossen wurde. Wir mußten uns mit Petroleumlampen behelfen. Ab und zu schickte Mutter mich ins Dorf, um neuen Vorrat zu holen. So kam es dann, daß ich nach der Mittagspause zuerst zur Schule ging, wo ich mit der Petroleumkanne in der Hand in Reih und Glied stand. Unser Lehrer hatte volles Verständnis dafür. Nach dem Schulunterricht ging es zuerst nach Born, wo Mennickelenze Jingsche „ope Treppche" meine Kanne füllte, und wir somit wieder neuen „Stoff" für unsere Lichtquellen hatten.

Die Bewohner des Dorfzentrums, die schon seit 1906 an das Stromnetz angeschlossen waren, werden gelächelt haben, wenn sie unsere primitive Beleuchtung sahen.

Leben beim Schein der Öllampen

Und doch waren unsere Vorfahren glücklich, als um das Jahr 1860 das Petroleumlicht eingeführt wurde. Vorher hatte man jahrhundertelang nur Kerzen und Öl gekannt, wozu hier und da noch der Kienspan, d.h. ein mit Harz durchtränktes Kiefernholz, kam. Diese Beleuchtungskörper gaben nur wenig Licht – zu wenig, um die Dunkelheit wirksam zu erhellen. Darum hieß es in den Statuten der Raerener Töpferinnung unter § 3: „Es soll nicht erlaubt sein, weder zu einer anderen Zeit, noch auch länger auf dem Rade zu wirken als von St. Gertrud (17. März) bis Allerheiligen" und unter § 4: „Niemand soll des Nachts auf dem Rad wirken."

Diese Verbote wurden erlassen, weil sich die Winterzeit für die Herstellung der Töpfereierzeugnisse wenig eignete und die während dieser Zeit hergestellte Ware von minderwertiger Qualität war, da man auf das wenige Licht armseliger Tonlämpchen angewiesen war.

Der bekannte Eupener August Tonnar (1827-1909) – Leo Her-

Mit Öllämpchen und Petroleumlampen mußten unsere Vorfahren sich behelfen, ehe das elektrische Licht kam. *Zeichnung: Fr. Nyns*

manns nennt ihn mit recht den „Wegbereiter des Eupener Kulturlebens" – schreibt:[1]

„Eine Öllampe, deren Leuchtkraft in keinem Verhältnis zur jetzigen Petrollampe steht, mußte genügen, um große Zimmer zu beleuchten. Bei einem Öllicht wurde genäht, gestrickt, gelesen und geschrieben, kurzum, alle abendlichen Arbeiten der Hausbewohner verrichtet. Ich entsinne mich aus meiner Jugendzeit, daß mein Vater zum fleißigen Studium seiner fünf Söhne eine neue kupfere Lampe mit schwerem Fuß anschaffte. Inmitten der Lampe befand sich eine zylindrische Öffnung, wodurch sie von oben um die Stange geschoben werden konnte. Unter der Lampe waren Federn angebracht, die es ermöglichten, sie hoch oder nieder stellen zu können. An dieser Lampe sollten nun fünf gesunde Knaben ihre Schulaufgaben verrichten. Der eine deklamierte sein lateini-

[1] Aufzeichnungen über Eupens Vergangenheit, „Eupener Zeitung", 5. 10. und 7. 10. 1927

sches Pensum, der zweite lernte lautsprechend seine französische Lektion, der dritte schrieb Noten, der vierte übte seinen Katechismus auswendig, der fünfte spielte sogar Gitarre oder Flöte. Gewöhnlich gesellten sich auch noch die Nachbarsknaben hinzu, da es meistens nach der Arbeit lustig zuging. Hinter den Knaben saßen die älteren Mädchen, nähend und strickend und mit Altersgenossinnen plaudernd. Das Musizieren mußte nach Übereinkommen abwechselnd geschehen, da wir alle musikalisch waren... Und dieses alles bei einem kleinen Öllampenlicht!

Wo Licht ist, da ist auch Schatten, und so bot unsere neue Öllampe viel Schatten, der Unfriede unter uns stiftete. Die Lampe wurde von dem einen in die Höhe, von dem anderen hinuntergeschoben, vom dritten nach rechts und vom vierten nach links gedreht. Die Dreherei und Schieberei wollte schließlich nicht mehr aufhören, dabei wurde keifend sich geknufft und gepufft, bis ein Musizierender ein Lied anstimmte, gewöhnlich war es: „Freut euch des Lebens" oder „Guter Mond" usw. Die älteren Schwestern stimmten singend mit ein und übertönten und versöhnten die Streitenden, bis schließlich das Deklinieren, Konjugieren und Musizieren selbst im Schatten wieder seinen Fortgang nahm."

Wie wurden die Lampen angezündet?

Von den Schwierigkeiten, mit denen die Gewinnung des Feuers und des Lichtes in früheren Zeiten verbunden war, können wir uns heute kaum noch einen Begriff machen. Unser Streichholz kam erst Ende der 50er Jahre des vorigen Jahrhunderts auf. Das war natürlich eine große Erleichterung. Aber wie behalf man sich vorher?

Um Feuer zu bekommen, mußte man drei Sachen haben: Stahl, Feuerstein und Schwamm. Ein kleines Stückchen Schwamm wurde auf einen Feuerstein gelegt und mit der linken Hand festgehalten und von oben nach unten solange mit dem in der rechten Hand befindlichen Stahl auf den Stein geschlagen, bis einer der heraussprühenden Funken den Schwamm zündete. War einer der drei Faktoren nicht gut, gab es kein Feuer. Das war z.B. der Fall, wenn der Schwamm oder der Brennlappen zu naß war.

Als das Licht plötzlich erlosch.
August Tonnar schildert eine tragi-komische Begebenheit

„Ich entsinne mich eines Vorfalles aus meiner Jugendzeit, durch plötzliches Erlöschen des Lichtes hervorgerufen, der der Komik nicht entbehrt. Eine zahlreiche, muntere Gesellschaft von jungen Damen und Herren traf bei einer befreundeten Familie zusammen, die eine Stunde entfernt im Wald wohnte. Der biedere Hausvorstand und dessen muntere Gemahlin, die auch über mehrere schöne, lebensfrohe Töchter und Söhne verfügten, übten die Gastfreundschaft anerkanntermaßen, wie damals allgemein üblich, mit der größten Zuvorkommenheit und Liebenswürdigkeit aus. Es wurde gespeist, getrunken, gescherzt, gesungen und schließlich bei anbrechender Dunkelheit die Möbel zur Seite gestellt und Quadrille getanzt. Die Musik dazu lieferte der gemeinsame Gesang: „Schött d'r Bomme, da falle de Pere", „Mättsche hau et Schöttche op" usw. Einer der Gesellschaft rief die zu tanzenden Figuren aus. Als nun die muntere Springfigur flott getanzt wurde „De Mättchere än de Medde änn de Jonge raund äromm", da fielen plötzlich und unerwartet die auf den Säulenofen gestellten Kerzenleuchter auf die Erde.

Das Licht erlosch, unheimliche Finsternis trat ein. Weiteres Licht im Haus war nicht mehr vorhanden. Ein Durcheinanderrennen und unheimlisches Umhertappen folgte. Heiteres Gelächter, Scherze und Witze mischten mit unwilligen Klagen untereinander. Die Hausbewohner tappten zum Feuerkasten, Licht zu machen, jedoch der Brennlappen war feucht und brannte nicht. Die Bestürzung der Damen steigerte sich immer mehr. – Der Fuhrknecht wurde geweckt, um Feuer zu schlagen; sein aus dem regengetränkten Wams geholter Schwamm wollte trotz heftigen Feuerschlagens kein Feuer fangen. Das Unbehagen wurde immer größer, zumal die ganze Gesellschaft unmöglich im Hause untergebracht werden konnte, und der Waldweg zur Stadt steil, holperig und nicht ungefährlich war, besonders bei der herrschenden Dunkelheit. Laternen waren genügend vorhanden, aber das Licht fehlte darin. In dieser fatalen Lage ertönte zu aller Zufriedenheit die Stimme des Hausherrn, der Oekonom und Walkereibesitzer war und daher Karren und Pferd zur Verfügung hatte: „Drick, anspanne." Der Knecht spannte tappend das Pferd in den Tuchkarren. Unter Dankesbezeugungen an die freundlichen Gastgeber und Helfer in der Not wurden die Damen auf den Karren gehoben, die Herren stiegen dazu und „Jö" ging es im Finstern weiter, dem Pferde den ihm bekannten Weg anvertrauend... Scherzend und singend, wenn auch nicht ohne Angst und Besorgnis, langte die Gesellschaft nach einer Stunde Fahrt glücklich in Eupen an." [2]

Hätte man damals schon Streichhölzer gehabt, wäre das Malheur schnell behoben gewesen.

Straßenbeleuchtung

Betagte Leser werden sich noch an die Kriegsjahre erinnern, da Verdunkelung vorgeschrieben war und deshalb die Straßenbeleuchtung ausfallen mußte. Verbarg sich der Mond hinter Wolken, tappte man im Dunkeln herum.

Vor 200 Jahren war es immer so. Es gab überhaupt keine Straßenbeleuchtung. In Aachen bestand lediglich die Anordnung, daß niemand in den Wintermonaten ohne Laterne durch die Straßen gehen dürfe. Die Franzosen, die seit 1794 in Aachen regierten, führten die Straßenbeleuchtung ein.

In Eupen wurde die Straßenbeleuchtung mittels Öllampenlicht zu Beginn des vorigen Jahrhunderts eingeführt. Viel Licht gaben diese Laternen allerdings nicht. Aus Gründen der Sparsamkeit ließ man den Docht der Lampe nur wenig vorstehen, so daß das Licht ganz klein brannte und – wie August Tonnar schreibt – aus der Ferne aussah wie ein leuchtendes Johanneskäferchen, zumal die Laterne durch den Ölqualm sehr beschmutzt war. Bei starkem Frost fror das Öl ein, die Lampe erlosch, und Eupen lag in tiefer Dunkelheit.

Die Bürger waren darum erfreut, als das Gaslicht seinen Einzug hielt. In Aachen wurden die ersten Gaslaternen im September 1838 aufgestellt, jedoch nur in den Hauptstraßen. Zuerst brannten sie nur bis Mitternacht, in den mondhellen Nächten wurden sie gar nicht angezündet.

Die Eupener mußten sich noch 16 Jahre gedulden. Hier brannte die erste Gaslaterne am 25. November 1854. Das Gas

---

[2] „Eupener Zeitung", 7. 10. 1927.

Kirchgasse in Eupen um 1938. *Zeichnung: P. Emonts-pohl*

aber bekam eine starke Konkurrenz, als 1909 in Eupen der elektrische Strom seinen Einzug hielt. Auch die Straßenbeleuchtung wurde an das Stromnetz angeschlossen. Das Licht hatte Nacht und Dunkel besiegt.

Zum Abschluß dieses Kapitels ein Gedicht des Eupener Mundartdichters Josef Vilvoye auf die gute, alte Petroleumlampe:

De o Steenoolegslamp

Noch noo sänn iech se vöör minn Owe
dé oos esue déck guuev troolech Leet
äß Huschespäunt woort sée gegowe,
wé oose Vadder noch gevrét.

Wé déck hant veer ömm höör geseete
des Ooves, wenn et düüster woort,
änn, wenn d'r Vadder kom, woort geete,
de Opgaave-n-oos aafgehoort.

Dannoe gäng laus dann d'r Vertélle,
d'r Vadder loos gätt ä ge Blatt,
de Modder stoppde-än d'rwelle
de Hoose-n-off doog détt änn datt.

Änn de o Lamp métt hööre Schiene
belödde-n-oss Faméllieglöck,
wé woor doch männ'ge Oovend fiene,
kiem dée Tiet doch märr noch enns tröck!

Menü der Eupener im 18. und 19. Jahrhundert

Brot und Milch: Hauptnahrungsmittel

Für die meisten Einwohner bildeten vor 200 Jahren Brot und Milch die Hauptnahrungsmittel. Fleisch kam seltener auf den Tisch. Während heute jeder seinen Teller hat, war es früher Brauch, daß alle aus der gleichen Schüssel aßen. Sehr hygienisch war dies nicht, aber man nahm es nicht so genau. Durchweg wurde nur Schwarz- oder Graubrot gegessen. Weißbrot galt als Leckerbissen, den es höchstens an den Sonn- und Feiertagen gab. Die Milch wurde nicht wie heute von auswärts bezogen, die meisten – nicht nur auf dem Land – waren Selbstversorger. Allein im Stadtgebiet gab es, wie die Chronik der Bürgermeisterei Eupen berichtet, im Jahre 1825 1106 Stück Rindvieh, 333 Schafe und 53 Ziegen. Ende 1892 zählte man 1430 Stück Rindvieh, 368 Schafe und 81 Ziegen.

Südfrüchte gab es kaum; noch um 1920 waren Apfelsinen eine Kostbarkeit, die es höchstens zu Weihnachten gab. Man war darum hauptsächlich auf die einheimischen Früchte wie Äpfel, Birnen und Pflaumen angewiesen. Die Zahl der Obstbäume war darum bedeutend höher als heute. Noch im Jahre 1913 wurden in Raeren nicht weniger als 6431 Obstbäume gezählt, die bei der Blüte im Frühjahr ein herrliches Bild boten.

Wir sind heute daran gewohnt, fast jeden Tag Kartoffeln zu essen, und die Fritten sind gleichsam zum Nationalgericht geworden. Das war nicht immer so. Erst in der 2. Hälfte des 18. Jahrhunderts ist bei uns die Kartoffel eingeführt worden, die zuerst mit Mißtrauen betrachtet wurde. Nach und nach erkannte man ihren großen Nährwert. Pfarrer Ganser aus Raeren notiert in der Chronik: „Im Herbst 1767 habe ich zum ersten Mal den Zehnten der Kartoffelernte auf dem Feld des Leonard Münster auf Vergefnis und auf dem Acker der Anna Elisabeth, Tochter des Nikolaus Crott, im Roversbend erhalten."

Auch auf diesem Gebiet waren die Eupener vor allem Selbstversorger. Wenn auch Kartoffeln aus dem Monschauer Land eingeführt wurden, so gab es selbst im Stadtgebiet zahlreiche

Kartoffelfelder, und auch in den Gärten wurde jedes Eckchen ausgenutzt. Während 1823 erst 20 Morgen bepflanzt wurden, waren es 1852 schon 205. Damit war jedoch nicht der Bedarf gedeckt. Man legte darum auch in der Umgebung der Stadt Kartoffelfelder an. August Tonnar berichtet dazu:[1]

„Die Kartoffel wurde nicht allein in den Gärten Eupens angepflanzt, sondern auch auf abgelegenen geeigneten trockenen Wiesen der Umgebung. Die Anpflanzung der Kartoffel auf den Wiesen wurde in folgender Weise vorgenommen: Die Wieseneigentümer stellten den Boden unentgeltlich zur Verfügung, dagegen mußten die Kartoffelpflanzer, welche meistens dem Arbeiterstande angehörten, als Ersatz eine bestimmte Quantität und Qualität Dünger dem Ackerboden zufügen. Dadurch wurde eine sogenannte magere, vorher wenig gedüngte Wiese, nach der Kartoffelernte wieder fähig, eine gute Heuernte zu liefern. Wie bekannt sein dürfte, hielten in früheren Zeiten fast alle Arbeiterfamilien einige Waldkühe, wodurch geeigneter Dünger zur Wiesen- und Kartoffelkultur geboten wurde. Die Gassen und Wege waren damals im Winter und Frühjahr unbefahrbar, weshalb der Dünger vermittelst kleiner Pferdchen – „Kinkeschpärdchere" – über den Rücken gelegten Gurt einen Korb, in dem sich der Dünger befand, zu den oft weit gelegenen Kartoffelfeldern gebracht wurde. Die Kartoffel gedieh hier besonders auf trockenem Boden vorzüglich, was wahrscheinlich durch die massenhafte Düngung, den untergepflügten Rasen und die dadurch erzielte Lockerung des Bodens erreicht wurde...

Die Heu- und Kartoffelernte war zur damaligen Zeit eine wichtige Familienbegebenheit, woran alt und jung sich beteiligte. Das Aufheben der Kartoffeln auf dem Felde wurde von der Schuljugend besorgt, die dafür schulfrei bekam. Wenn beim Ausheben eine reiche Anzahl großer Knollen zutage kam, wurde dies mit lautem Hurrah begrüßt. Während des Aushebens und Sammelns der Kartoffeln wurde das Kartoffellaub mit dürrem Heckenholz zusammengetragen und zu einer sogenannten „Burg" angezündet. In der glühenden Asche des Feuers wurden Kartoffeln geröstet und unter Jubel mit großem Wohlbehagen verzehrt. An diesem köstlichen Mahle beteiligten sich alt und jung. Die Fuhre, welche die

[1] Eupener Zeitung, 17.5.1902.

Kartoffeln zur Wohnung in die Stadt brachte, wurde mit Singen und Jauchzen begleitet. Der Erntesegen wurde auch in den Häusern gefeiert, indem die Hausfrau Reisbrei spendete zur großen Freude der jungen Mitarbeiter."

Die damals ohne Kunstdünger – er war noch unbekannt – gezüchteten Kartoffeln waren natürlich schmackhafter als die heutigen. Ein besonders beliebtes Gericht bestand aus Pellkartoffeln mit Hering – vorausgesetzt, daß man sich ihn leisten konnte.

„Sieh an der schönen Gärten Zier!..."

Vom Grünen und Blühen in Eupen

„In der ersten Hälfte des vorigen Jahrhunderts, vor Gründung des Gartenbauvereins, war die Gartenbaukultur in Eupen noch wenig entwickelt. Zwar war bei jedem Häuschen auch ein Gärtchen, worin Gemüse, einzelne Blumen und auch Beerenobst ziemlich reichlich gepflegt wurden, jedoch erwiesen sich die angewandten Mühen oft recht unlohnend, wodurch die Lust und Liebe zum Gartenbau vielfach schwand. Die Kenntnis einer rationellen Pflege und Bewirtschaftung des Gartens war nicht vorhanden, aufklärende Bücher über Gartenkultur waren zwar käuflich, jedoch zur allgemeinen Anschaffung zu teuer, anregende und belehrende Mitteilungen wurden von keiner Seite gegeben."

So urteilte August Tonnar bei seinem Vortrag vom 27. April 1902, veröffentlicht in der „Eupener Zeitung" vom 17. Mai 1902.

Gründung eines Gartenbauvereins

Man schrieb das Jahr 1853, als Fabrikant Leonhard Reip und Gärtner Franz Lennaerts in Eupen einen Gartenbauverein gründeten. Ihren Mitbürgern, die über einen Garten verfügten, wollten sie mit Erkenntnissen und Erfahrungen auf dem Gebiet der Gartenpflege helfend und aufmunternd zur Seite stehen sowie weitere Kreise der Bevölkerung für den Gartenbau interessieren. Es darf angenommen werden, daß im Mittelpunkt des gegenseitigen Meinungsaustausches vornehmlich die Bebauung, Anlage und Unterhaltung des Nutzgartens stand. Die Zusammenkünfte des jungen Vereins fanden bei Matthias Küpper statt, der an der Ecke Hook und Gospertstraße eine Schankwirtschaft betrieb.

Die erste Ausstellung: eine kleine Sensation

Es sollte sich bald zeigen, daß die Gründung dieses Vereins einem dringenden Bedürfnis entsprach. Mit viel Mut und Begeisterung gingen die Mitglieder an ihre Aufgabe heran. So groß war die Begeisterung, daß schon im Oktober des Gründungsjahres 1853 eine Ausstellung durchgeführt wurde, die sich allerdings auf die allergewöhnlichsten Gartengewächse beschränkte. Sowohl die Behörden wie auch die Bevölkerung brachten dem Verein viel Sympathie entgegen. Der damalige Landrat von Harenne rief die Landbevölkerung auf, sich an der Ausstellung zu beteiligen, „da sie geeignet sei, den Gartenbau im hiesigen Kreise zu beleben." Ob sein Aufruf Erfolg hatte, läßt sich nicht feststellen. Auf jeden Fall war die Ausstellung so erfolgreich, daß sofort mehr als 200 Mitbürger dem Verein als Mitglied beitraten.

Volksbildender Charakter des Vereins

1853, das Gründungsjahr des Gartenbauvereins, fiel in die Zeit, da der übermäßige Branntweingenuß in Eupen zu einer wahren Pest geworden war und sehr viele Arbeiter die kurz bemessene Freizeit hauptsächlich in den Wirtschaften verbrachten. Die große Anzahl der Anmeldungen schien darauf hinzudeuten, daß weite Kreise der Bevölkerung sich darüber freuten, daß sie nunmehr im Gartenbau eine viel sinnvollere und nützlichere Freizeitgestaltung fanden. Gewiß wird sich auch Oberpfarrer Pauls gefreut haben, der im gleichen Jahr 1853 eine „Mäßigkeitsbruderschaft" gegründet hatte. Daß sowohl die städtischen wie auch die kirchlichen Behörden ganz auf der Seite des Vereins standen, zeigte sich im Jahre 1862, als der damalige Oberbürgermeister Becker den Vorsitz übernahm. Als zweiter Vorsitzender trat ihm Kaplan Willems zur Seite. Sie zeigten dadurch, daß sie den volksbildenden Charakter des Vereins sehr zu schätzen wußten. Freilich legte die Vereinsleitung stets Wert darauf, die Versammlungen in Form von Vortrags- und Ausspracheabenden abwechslungsreich und belehrend zu gestalten.

Zusammenarbeit mit dem Verschönerungsverein

1876 ging vom Gartenbauverein der Vorschlag zur Bildung eines Verschönerungsvereins aus. Auf den Plätzen Eupens und auf kahlen Abhängen sollten Bäume angepflanzt werden. In Bürgermeister Mooren, der 1881 sein Amt antrat, fand der Gartenbauverein einen eifrigen Verbündeten und Mitarbeiter. 1895 regte Mooren den Anschluß des Gartenbauvereins an den von ihm gegründeten Städtischen Verschönerungsverein an. Der Gartenbauverein beschloß die jährliche

Bereitstellung besonders schöner Pflanzen für städtische Anlagen. „Eine heute noch lebende Erinnerung – so heißt es in der Festschrift zur Hundertjahrfeier – ist eine auf dem oberen Heidberggelände stehende Buche, die 1903 gelegentlich der Jubelfeier zum 50jährigen Bestehen des Gartenbauvereins von Bürgermeister Mooren persönlich gepflanzt worden ist. Dieses Bäumchen, so sagte Bürgermeister Mooren damals, erscheine ihm als das wertvollste von den zwanzigtausend Bäumchen, die er im Laufe seiner Eupener Tätigkeit hier gepflanzt oder habe pflanzen lassen."

So wurde Eupen immer schöner. J.G. Heinen schreibt in seiner Pfarrgeschichte Eupens: „Wer in dem laub- und blütenreichen Frühjahr 1894 Eupen gesehen hat, dessen Auge wird durch den Anblick der grünen Wiesen und der Farbenpracht der Bäume in Gärten und Anlagen entzückt worden sein und verschiedene Haus- und Baumgruppen entdeckt haben, die kaum schöner hätten gestaltet werden können."

Auch das Interesse der Jugend wird geweckt

Die Liebe für das Wachsen und Blühen in der Natur muß schon frühzeitig beim Kind geweckt werden, besonders in einer Zeit, da die Technik im Mittelpunkt des Interesses steht. Der Eupener Gartenbauverein hatte deshalb die glückliche Idee, einen Blumenwettbewerb für Schulkinder einzuführen, der zum ersten Mal 1890 im Rahmen der Jahresausstellung in einer Sonderschau stattfand. Jeweils im Frühjahr wurden 700 bis 1000 im Beginn des Wachstums stehende Topfpflanzen verteilt und den Kindern, die bei der Jahresschau im Herbst dank liebevoller Pflege die schönsten Pflanzen ausstellten, wurde ein Preis zuteil. Bis zum Jahre 1939 konnte diese Blumenschau der Kinder erfolgreich stattfinden; 250 bis 300 Kinder wurden jährlich mit Preisen bedacht.

Unerfreuliches

Auch dem Eupener Gartenbauverein blieben Widerwärtigkeiten nicht erspart. In den 80er Jahren des vorigen Jahrhunderts kam es zu einer Spaltung, die zur Gründung eines „Arbeiter-Gartenbauvereins" führte, so daß fortan zwei Gartenbauvereine bestanden. Worauf diese Spaltung zurückzuführen war, ist aus den Protokollbüchern nicht ersichtlich.

Der neue Verein, der wie sein Name es sagt, vor allem Angehörige des Arbeiterstandes gruppierte, hielt seine jährlichen Ausstellungen – und zwar bis zum Jahre 1917 – im Koch'schen Saale (Paveestraße) ab. Dabei war er leider stets darauf bedacht, dieselben Ausstellungstage zu wählen wie der sogenannte „Herren-Gartenbauverein", der seine Ausstellung im Lokal Tonnar abhielt. Jahrzehntelang blieben alle Bemühungen zu einer Wiedervereinigung umsonst. Erst 1918 gelang durch den Einsatz von Rechnungsrat Frey die Beseitigung der Spaltung.

Und heute?

Die Wiedervereinigung gab dem Verein einen neuen Aufschwung. Die Ausstellungen boten ein fast erschöpfendes Bild zeitgemäßer Gartenbaukunst, Blumen- und Obstzucht und fanden allgemeine Anerkennung und Bewunderung. Vor allem aber ist es dem Verein gelungen, unserer Bevölkerung den Nutzen und Wert der Gartenkultur nahezubringen und sie erfahren zu lassen, welche Freude und Entspannung für Geist und Körper derjenige findet, der sich der Gartenkultur hingibt.

Daß der Verein heute weniger Einfluß hat, liegt nicht am mangelnden Eifer der immerhin noch 150 Mitglieder. Äußere Umstände haben dazu beigetragen. Nutzgärten werden immer seltener, der Wohlstand bringt es mit sich, daß viele lieber Blumen kaufen anstatt sie selbst zu züchten. Die letzte Ausstellung fand statt anläßlich der 125-Jahrfeier im Jahre 1978. Die Aktivitäten des Vereins beschränken sich heute hauptsächlich auf Vorträge und gegenseitigen Meinungsaustausch. Daß Eupen aber nach dem Wunsche des unvergeßlichen Bürgermeisters Mooren eine „Grüne Stadt" bleibt, dafür sorgt unsere Stadtgärtnerei. Von 1945 bis 1985 hat sie im Stadtbereich 10 760 Laubbäume, 5128 Nadelhölzer und 17 950 Ziergehölze angepflanzt. Ihr gebührt dafür Dank und Anerkennung.

Quellen:
„Eupener Zeitung" 1902.
Festschrift „Grünen und Blühen" zur Jubelausstellung 1953.
Mündliche Mitteilungen des Herrn Walter Ossemann, Präsident des Gartenbauvereins.

Was der Marktplatz alles erlebt hat

Woher der Name?

Der Eupener Marktplatz ist zwar nicht so groß und weiträumig wie der Werthplatz, er war jedoch in früheren Jahrhunderten der Mittel- und Brennpunkt des öffentlichen Lebens.

Sein Name ist leicht zu erklären. Er war die Mitte des ältesten Teiles von Eupen, der die heutige Pavee-, Kloster-, Kirchstraße, Klötzerbahn und Hufengasse umfaßte und auch im vorigen Jahrhundert noch „et dörp" genannt wurde. Hier im Zentrum wurden die Märkte abgehalten: die Wochenmärkte und auch die meisten Jahrmärkte. Seit 1544 gab es nicht weniger als drei Wochenmärkte: dienstags, donnerstags und samstags. Jahrmärkte gab es 1817 fünf in Eupen, wovon vier auf dem Marktplatz. Hier quiekten die Ferkel, hier priesen die Händler ihre Waren an: Stoffe, Kurzwaren, Gemüse, Obst, Haus- und Handwerksgeräte, Süßigkeiten, Spielsachen usw. Hier war ein Treffpunkt für jung und alt.

Der Marktplatz in Eupen um die Jahrhundertwende. Links die 1857 errichtete Marienstatue, rechts der Marktbrunnen, „Pömpke" genannt.

Vom Dorf zur Stadt

Aus einem kleinen Bauerndorf entwickelte Eupen sich zur Tuchmacherstadt, die ihre größte Blütezeit erreichte, als man im 18. Jahrhundert dazu überging, feine Tuche herzustellen, die Weltruf erlangten und sogar im Vorderen Orient Abnehmer fanden. In dem 1809 bei Cotta in Tübingen erschienenen Büchlein „Tagebuch einer der Kultur und Industrie gewidmeten Reise" heißt es:

„Was Eupen seit dreißig oder mehr Jahren hauptsächlich emporgebracht hat, ist der Levantiner Handel (d.h. der Handel mit den Mittelmeerländern). Er bleibt zur Zeit noch der Hauptzweig und geht in die Millionen. Viele der ersten Häuser in Eupen haben den größten Teil ihres Reichtums diesem Handel zu verdanken."

In dieser Zeit entstanden auch am Marktplatz prächtige Häuser wie das Haus Vercken (das heutige Klösterchen) und das Haus des Bankiers Ackens. „Verschiedene Fabrikanten", so heißt es in dem 1796 zu Gotha erschienenen Buch „Die feine Tuchmanufaktur zu Eupen", „besitzen Paläste und machen einen Aufwand, wie ihn mancher Graf nicht hat und machen kann."

Brennpunkt des religiösen Lebens

Mitten im Dorf wurde auch die erste Kirche erbaut, der Mittelpunkt des religiösen Lebens. Um 1700 ist die Zahl der Pfarrangehörigen auf 5541 angewachsen, so daß die alte gotische Kirche viel zu klein wird, um allen Platz zu bieten. In einem Bericht der 1722 vom Hohen Rat in Brüssel nach Eupen entsandten Kommission heißt es:

„Die Kirche ist sehr niedrig und düster, und überhaupt gereicht sie dem Ort, der wegen der Menge und Schönheit der Häuser eher einer Stadt gleicht als einem gewöhnlichen Dorf, zur Unehre."

So begann man 1721 mit dem Bau der heutigen prächtigen Kirche nach Plänen des Aachener Stadtarchitekten Mefferdatis. Der Marktplatz war Zeuge einer regen Bautätigkeit, bis am 13. Oktober 1729 die Kirche geweiht werden konnte.

Frohe und traurige Ereignisse sah der Marktplatz, die sich hier abspielten. Er sah die Scharen der Erstkommunionkinder, die in das Gotteshaus einzogen, viele glückliche Brautpaare, die hier den Bund für das Leben schlossen, aber auch das Leid so vieler Eupener, die einen lieben Angehörigen zu Grabe trugen. Jahr für Jahr erlebte er die feierliche Fronleichnamsprozession, die hier ihren festlichen Abschluß fand.

1857 wurde zur Erinnerung an die Verkündigung des Dogmas von der Unbefleckten Empfängnis der Gottesmutter die vom Aachener Bildhauer Pohl erstellte Marienstatue aufgestellt. Vinzenz Statz aus Köln schuf den neuen Wasserbrunnen.

Reges Leben am „Pömpke"

Seit 1865 plätscherte der Marktbrunnen. Mit der Zeit wurde es damals nicht so genau genommen. Man hatte noch Muße und verbrachte fast täglich einen Teil davon beim „Pömpke", wo sich jung und alt beim Wasserholen ein Stelldichein gab. Insbesondere die Frauen fanden hier Gelegenheit, die wichtigsten Stadtneuigkeiten auszutauschen. Die Freude darüber, wieder etwas Neues erfahren zu haben, ließ sie die Last der schweren Wassereimer, ab und zu sogar das Mittagessen auf dem Herd, vergessen. Der meiste Betrieb herrschte am „Pömpke" vormittags und kurz vor der Dämmerung, wenn sich jeder Haushalt für den nächsten Morgen mit Wasser eindeckte.

Politik auf dem Marktplatz

Auf dem Marktplatz fand die Bürgermeisterwahl statt. Die Gemeinde hatte nicht nur einen, sondern vier Bürgermeister. Jedes Jahr wurden zwei Bürgermeister durch zwei neue ersetzt. Vor 1701 wurden sie von der gesamten Bürgerschaft gewählt. Weil es dabei öfters zu Unruhen gekommen war, wurden ab 1701 die Wahlen so geregelt, daß die Eupener in jedem der drei Bezirke (Stockem-Eupen, Frambach und St. Marien) neun „Neunmänner" wählten, und daß die 27 Neunmänner dann den Bürgermeister bestimmten.

Als 1790 die sog. Brabanter Revolution ausbrach und große Teile der Bevölkerung wegen der unpopulären Maßnahmen

Josephs II. Österreich gegenüber eine feindliche Haltung einnahmen, waren die Eupener in zwei Parteien aufgespalten. Schließlich aber gewannen die Anhänger Österreichs die Oberhand. Der Scherer Arnold Breuer schreibt in seinem Tagebuch:

„Am 17. März 1791 ist eine Versammlung auf dem großen Markt abgehalten worden, sowohl von den reichen Leuten wie auch vom gewöhnlichen Volk... Da haben die Kaiserlichen die meisten Stimmen gehabt."

Am 17. Dezember 1792 marschierten die französischen Revolutionäre in Eupen ein und richteten auf dem Marktplatz den Freiheitsbaum auf. Arnold Breuer schreibt dazu:

„Am 19. Dezember haben die Soldaten mit den Bürgermeistern den Freiheitsbaum aufsetzen müssen, und die Kaufleute von ganz Eupen haben mit darum gehen müssen. Bei der Aufrichtung des Baumes haben die Glocken aller Eupener Kirchen geläutet."

Die Bockreiter auf dem Marktplatz (1798)

Die bedauernswerten Mißstände in der Gesellschaftsordnung haben die Entstehung und Entwicklung von organisierten Räuberbanden im 18. Jahrhundert begünstigt. Das Volk nannte sie Bockreiter. Dieser Name ist ein Überbleibsel aus der Hexenzeit. Die Hexen ritten nach den Vorstellungen abergläubischer Menschen auf Böcken zum Blocksberg, um mit ihrem Meister, dem Teufel, ordinäre Feste zu feiern. Auch die Räuber, die in einer Nacht an verschiedenen Stellen einbrachen, ritten – so meinte man – auf Böcken durch die Luft, die der Teufel ihnen zur Verfügung stellte.

Die Nacht vom 17. auf den 18. April 1798 versetzte die Eupener Bevölkerung in Angst und Schrecken. Gegen Mitternacht zogen etwa 100 Bockreiter in die Stadt ein. Mit wildem Lärm, Geschrei und fortwährendem Schießen drang die Bande bis auf den Marktplatz vor, wo das Ackensche Haus lag. Der ganze Markt wurde mit Posten abgesperrt, die auf alles schossen, was sich blicken ließ. Ein Schuß tötete den französischen Gendarmeriekommandanten, der seine Pflicht tun wollte. Es gelang den Räubern in das Haus Ackens einzudringen, wo ihnen eine große Beute an Geld und Wertsachen in die Hände fiel. Sie verschwanden in Richtung Herbesthal. Unterwegs wurde die Beute bei Kerzenlicht verteilt.

11. September 1944: Kriegslärm auf dem Marktplatz

Seit dem Anschluß an Preußen (1815) wurde es ruhiger auf dem Marktplatz. Politik machte man jetzt nicht mehr auf dem öffentlichen Platz, sondern im Rathaus. Größere Kundgebungen verlegte man auf den Werthplatz.

Lediglich am 11. September 1944, als die Amerikaner in Eupen einrückten, wurde der alte Marktplatz mit Kriegslärm erfüllt. Um den Vormarsch der Amerikaner aufzuhalten, hatten die zurückweichenden deutschen Truppen vor dem Haus Radermacher-Clooth (heute Uhrengeschäft Holländer) ein Panzerabwehrgeschütz aufgestellt, das einige junge Soldaten bedienen mußten. Es sollte auf die von der Bergstraße und von Stendrich vordringenden Amerikaner schießen. Auf dem „Höfchen" stand ein mit Munition oder sonstigem brennbaren Material beladener deutscher Militärwagen. Ein amerikanischer Jagdbomber schoß ihn in Brand. Dabei fing das Eckhaus Heck – heute Rosenstein – Feuer.

Ein von der Hufengasse kommender amerikanischer Panzer eröffnete das Feuer auf das Panzerabwehrgeschütz, das sofort getroffen wurde. Auch das Eckhaus Radermacher-Cooth ging in Flammen auf. Vor dem brennenden Haus lag ein toter deutscher Soldat, z.T. schon versengt von den Flammen. Wir bargen ihn und brachten ihn von der Straße weg. Auch vor dem Klösterchen lag ein toter Krieger, anscheinend von der Bordwaffe eines amerikanischen Tieffliegers getroffen.

Ja, wenn der alte Marktplatz erzählen könnte, wie lebendig und anschaulich wäre das! Vieles wüßte er zu berichten, was in keinem Archiv festgehalten wurde. Mit welcher Spannung müßte man zuhören – stundenlang, tagelang!

„Der Wald ist unsre Liebe"

Worte, vor bald 100 Jahren gesprochen, klingen sehr aktuell

„Meine Herren! Was ist eine Gemeinde überhaupt, wenn sie nicht einen ordentlichen Wald aufweisen kann? – Was tun wir eigentlich für den Gemeindewald? Ich stehe nicht an, zu behaupten: viel zu wenig!... Wohl wäre es an der Zeit, die Kunstdenkmäler einer großen Vergangenheit, monumentale Denkmäler in Stein und Erz wirksamer zu schützen und zu schonen. Haben wir diese Verpflichtung nicht in einem noch viel größeren Maßstab den Naturdenkmälern gegenüber, jenen Denkmälern, welche eine gütige Vorsehung diesem schönen Lande verliehen hat?

Nun könnte man mir erwidern: Schön, aber nicht alle Gemeinden haben Ödländereien und kultivable Heiden aufzu-

Oberbürgermeister Theodor Mooren – Ölgemälde im Eupener Rathaus.

weisen. Dann sage ich: In jedem Dorfe gibt es noch breite Straßen, überall gibt es noch sogenannte Gemeindeanger oder Triften, und da kann ein wackerer Gemeindevorsteher noch viel Gutes schaffen. Millionen Stämmchen könnten noch ohne große Kosten gepflanzt werden... Ich halte dafür, daß es viel besser ist, wenn ein Bürgermeister, statt Aktenstaub zu schlucken, mit der Schuljugend und dem Lehrpersonal bisweilen ins Freie zieht und überall solche Anpflanzungen durchführen läßt."

Diese Worte sind ein Auszug aus einer Rede, die der Eupener Bürgermeister und Abgeordnete Theodor Mooren um die Jahrhundertwende auf dem 45. Rheinischen Provinziallandtag in Düsseldorf gehalten hat. Sie klingen auch heutzutage sehr aktuell – aktueller als damals. Mooren konnte damals nicht ahnen, daß infolge der Luftverschmutzung das Waldsterben ein erschreckendes Ausmaß annehmen würde und darum Schutzmaßnahmen dringend erforderlich sind. Um die Luft – besonders in der Nähe der Städte – einigermaßen rein zu halten, ist jeder Baum und Strauch von Wichtigkeit.

Aus der Geschichte unserer Wälder

Ein Kranz von Laub- und Nadelwäldern umgibt das Eupener Land: der Aachener Wald, der Krickelbergwald, der Freyentwald, der Münsterwald, der Raerener Wald und nicht zuletzt der ausgedehnte Hertogenwald. Und die Bewohner des Eupener Landes hängen an ihren Wäldern. Das hat sich noch vor einigen Jahren gezeigt, als der Freyentwald bei Eynatten in Gefahr war: eine holländische Firma wollte dort einen großen Vergnügungspark errichten. Der Plan scheiterte jedoch glücklicherweise am energischen Widerstand der Bevölkerung.

Bis zum Jahre 1705 gehörten die Wälder im Bezirk Walhorn als Ganzes der gesamten Bank Walhorn und unterstanden ihrer Verwaltung. Erst im Juli 1705 werden sie unter die verschiedenen Dörfer verteilt, und erst seit diesem Zeitpunkt kann man von einem Raerener, Ketteniser, Eynattener oder Walhorner Wald sprechen.
Die Stadt Eupen hatte keinen eigenen Wald; der Hertogenwald gehörte dem Herzog von Limburg bzw. von Brabant. Im Jahre 1815 wurde er zwischen den Niederlanden und

Preußen aufgeteilt. 6700 Hektar kamen an die Niederlande, deren Rechtsnachfolger 1830 das unabhängig gewordene Belgien wurde. Der an Preußen gefallene Teil wurde preußischer Staatswald.

Der Hertogenwald war so verwüstet, daß die Niederländer beschlossen, den an sie gefallenen Teil zu verkaufen. Sie hatten schon damit begonnen, als 1830 die belgische Revolution ausbrach und glücklicherweise diesen Plan vereitelte.

Energisch und zielstrebig ging die preußische Regierung daran, die übernommenen Wälder wieder in Ordnung zu bringen und auch das Oedland aufzuforsten. 1828 gab es im Kreis Eupen neben den 30 258 Morgen Waldungen noch 4554 Morgen Oedland.[1]

Es war eine Arbeit auf lange Sicht. Viele Hindernisse mußten überwunden werden. Da war zunächst einmal das seit dem Mittelalter bestehende Waldweiderecht. Willy Gillessen schreibt dazu: „Bis um die Mitte des 19. Jahrhunderts konnte in unseren Gemeindewäldern von einer geregelten Forstwirtschaft kaum die Rede sein. Besonders die damals bestehende Waldweidegerechtssame war einer fortschrittlichen Entwicklung im Wege... Außer Feuer ist dem Wald nichts schädlicher als Weidevieh, das keinen Jungwuchs aufkommen läßt."[2]

Lang und beschwerlich war der Kampf, den die preußische Forstverwaltung führen mußte, bis sie ihr Ziel erreichte, die Gemeindeverwaltungen zum Verzicht auf die Weidegerechtsame zu bewegen. Der Eupener Bürgermeister Mooren setzte durch, daß die Stadt im Jahre 1893 für die Aufgabe des Weiderechtes 146 Hektar Wald und 1899 für den Verzicht auf das Holzsammelrecht 124 Hektar in den Distrikten Clous und Langes erhielt. So kam auch Eupen zu einem Stadtwald. Am 22. Dezember 1899 schrieb der Landwirtschaftsminister Freiherr von Hammers dem Eupener Bürgermeister:

„Wenn Sie, sehr verehrter Herr Bürgermeister, mir Verdienste an der Überweisung des Stadtwaldes zuerkennen, so bin

[1] Topographisch-stat. Beschreibung der Königlich Preußischen Rheinprovinzen von F. v. Restoff, Berlin und Stettin 1830, S. 775.
[2] W. Gillessen: Vom Waldweiderecht und seiner Ablösung in „Geschichtliches Eupen", Bd. VI 1972, S. 115 ff

STÄDTISCHES WALDFEST

Am **Donnerstag, dem 1. Juni 1899,** findet die Übergabe der neuen Ablösungsfläche des preußischen Hertogenwaldes an die Gemeinde Eupen statt.
Zur Feier dieses bedeutungsvollen Ereignisses wird auf Beschluß der Stadtverordneten-Versammlung an diesem Tage **ein AUSFLUG mit Musikbegleitung** in den Stadtwald veranstaltet.
Hieran anschließend im **Sommerlokal Kistermann, Langesthal KONZERT mit Volksbelustigungen, insbesondere Spiele für die Jugend, Verlosung für Damen usw.**
Abmarsch punkt 4.30 von der Kehrmühle aus.
Die Bürger der Stadt mit ihrer Familie werden zu den Festlichkeiten freundlich eingeladen

Eupen, den 24. Mai 1899 Der Bürgermeister: Mooren

ich dafür sehr dankbar, das Hauptverdienst gebührt aber dem Herrn Bürgermeister selbst, von dem die Bürger der Stadt bis in die fernsten Zeiten dankbar sagen werden: Der Mooren war's, der seine Schuldigkeit getan hat, ihm verdankt die Stadt ihren schönen Wald, und bis in die fernsten Zeiten wird aus des Waldes Rauschen es erklingen: „Der Mooren war's, der seine Schuldigkeit tat."

Bürgermeister Mooren, glücklich über die Erreichung seines Zieles, der Stadt Eupen einen eigenen Wald zu verschaffen, ludt die Bevölkerung zu einem Waldfest ein, dem später noch mehrere folgen sollten. Am 31. Mai 1899 brachte das „Korrespondenzblatt" oben stehende Anzeige. Wie die Zeitung später zu berichten wußte, nahm das Fest bei herrlichem Wetter einen großartigen Verlauf. Die Idee der Eupener Waldfeste war geboren.

Waldfest Anno dazumal
von Martha Melleck

Martha Melleck war die Tochter eines Eupener Beamten aus der Preußischen Zeit. Sie war zwar keine gebürtige Eupenerin, aber in den Jahren ihres Hierseins hatte sie Eupen liebgewonnen – nicht zuletzt den Eupener Wald. Sehr lebendig und anschaulich hat sie in folgendem Beitrag ein Waldfest geschildert, wie es um die Jahrhundertwende in Eupen stattfand.

Wir hatten fleißig Waldbeeren und Brombeeren gesammelt und dabei umschichtig und umsichtig unseren schönen Wald in den verschiedensten Gegenden bis hinüber nach Hestreux und Ternell heimgesucht und abgeerntet. Es war goldene Ferienzeit, „Vakanz", wie wir in Eupen sagten. Damals war das Reisen noch nicht so allgemein in Übung wie heuer. Wir entbehrten's auch kaum, denn wir hatten Wald, Wiesen und Wasser und unsere weiten, grünen Gärten. Warum sollten wir in der Ferne suchen, was wir daheim in Überfluß hatten, und was Erholung und Ferienfreuden schuf! Dabei durften wir unsere schöne Heimat am Hohen Venn jedes Jahr auf neue herrliche Weise erleben. Und unser Eupener Land in seiner stillen, herben Kraft und Klarheit schenkte sich immer wieder in ungeahnten Schönheiten, die sich in Berg und Wald, in Flur und Heide herrlich offenbarten.

Nun war der Spätsommer mit seinen hellen, stillen Tagen da, und ein wenig war man schon sommer- und ferienmüde geworden. In den Gärten rauchten die ersten Kartoffelfeuer, und in den Zweigen spann das Mariengarn seine silbernen Schleier. Da stand eines Morgens in unserem „Korrespondenzblatt", daß wie alljährlich, dann und dann, das Waldfest in der „Diebach" stattfinde, und daß alle dazu eingeladen seien.

Unsere Eupener Waldfeste von ehemals waren Feste ganz eigenen heimatlichen Reizes. Sinngemäß gehörte dieser Tag und dieses Fest dem geliebten grünen Wald als Ausdruck des Dankes und der Treue für alle das ganze Jahr hindurch geschenkten Segnungen und Freuden. Von jeher hing der Eupener an seinem Walde wie an seinem schönen Heimatlande überhaupt. Naturverbunden, war er schon von frühester Kindheit an mit Wald und Berg und Heide verbunden. Wie mannigfältig waren aber auch die Freuden und Erholungen, die uns der grüne Wald zu allen Jahreszeiten verhieß. Darum wurde er immer wieder Erlebnis, immer wieder Gottesgeschenk schlechthin.

Nun wollten wir noch einmal alle in schöner Gemeinsamkeit hinauswandern, ehe rauhe Herbststürme daherbrausten und den Wald kahl fegten. Auf dem großen Werthplatz, rings um die große Pumpe (sie ist längst verschwunden) versammelten sich alle, die mitgehen und mitfeiern wollten. Wie war da unser, schöner, weiträumiger Werth mit buntem, lachendem Leben erfüllt. Sie kamen alle, die Alten und die Jungen, und die

Allerjüngsten im „Sportwagen" mit hochgestelltem Sonnenverdeck. „Klöske, paß op! Blievste wahl va gen Pomp! Nä, wat es dat för'ne ondögetege Jong!"

„Tinneken", ertönt es gleich darauf von der anderen Seite. „Tinneken, schnüt dich ens de Nas! Nä, net a gen Moue! Wou es din Schnufdook?"

Nach solchen heiteren und erziehlichen Zwischenspielen, die das Warten wohltuend kürzten und würzten, erschienen sie dann endlich auch, unsere Musizi, die „Trötemander". Eigentlich waren sie ja längst schon da, aber uneigentlich hatten sie sich noch etwas in der Wirtschaft von Scheen am Holftert „verzogen".

Aber nun! Mit Musikgeschmetter, mit Sing und Sang: „Im Wald und auf der Heide", hub ein frohes Wandern und Marschieren an. Den Heidberg entlang ging's, durch Nispert über grüne Wiesenpfade nach Schönefeld hinauf, und durch den leuchtenden Sommerwald zur Diebach hinunter.

Dort breitete sich neben der kleinen Wirtschaft, am Hang, eine herrliche Waldwiese aus. Und dort war unser Waldfest.

Vorn, unter den hohen Bäumen, waren rohgezimmerte Bänke und Tische aufgeschlagen, die einladend gedeckt waren. Da wurden dann mächtige Körbe und Kiepen herangeschleppt, bis obenan gefüllt mit Kninsköppen und Bretzeln, mit Reisfläden und anderen Eupener Herrlichkeiten. Und jeder und jedes bekam, soviel er mochte und vertrug, Riesenkaffeekannen gingen an den Tischen reihum und sorgten dafür, daß die Köppken nie leer wurden. Und ansonsten: Wer für Kaffee und Kuchen nichts übrig hatte, konnte sich an Eupener Aktienbier und an „Gele Klore" gütlich tun.

Auf der Wiese nebenan ging's indessen hoch her! Da wurde getanzt und musiziert, da wurde gespielt und gelacht bei „Akree" und Nachlaufen, bei Sackhüpfen und Eierlaufen. Sogar eine „Tombola" war da, wo man das Glück beim Schopf fassen und gewinnen konnte, was man eben „gut brauchen", aber nachher meistens nicht „gebrauchen" konnte. Ja, die Herren vom hochwohllöblichen Komitee machten bei allem mit. Als Kind dachte ich immer: „Komitee ist, wenn einer 'nen

Heimkehr vom Waldfest im Jahre 1935. Auch einige Clowns haben dabei mitgewirkt.

langen schwarzen Rock anhat und dazu 'ne weiße Armbinde trägt. Dann muß er dafür sorgen, daß wir alle ordentlich was kriegen." Von dieser lobenswerten Art war unser Komitee denn auch: bei den Eupener Waldfesten ging kein Kind leer aus, und alle kamen zu ihren Freuden. Die „Großen" sorgten selbst schon dafür, daß ihr Vergnügen „comme il faut" ausfiel, wie wir Anno dazumal gern sagten, wenn wir in „Bildung" machten. Unsere Musikmänner aber kamen bei den Waldfesten kaum zur Ruhe, und wenn sie wirklich einmal eine Pause einlegten, ließ eine Ziehharmonika liebe, alte Weisen hören, daß ja kein einziger Eupener Sang vergessen wurde.

Erst, wenn schon ein kühler Abendwind in den hohen Wipfeln raunte und die Sonne mit rötlichem Schein über den Waldhöhen zur Küste ging, wurde zur Heimkehr aufgebrochen. Wie schön wanderte es sich durch das enge Diebachtal, am Hang entlang, wenn der Tag zur Ruhe gehen wollte. Da stieg der Wald steil zur Höhe empor, und auf der anderen Seite lief der Bach lustig plätschernd mit. Im grünen Langesthal weitete sich der Blick über Wiesen und Wald zu den jenseitigen Höhen. Und wie ein breites Silberband wand sich die Weser durch das dämmerige Waldtal, ihr ewig starkes Lied in den Abendfrieden rauschend.

Familienwanderung im Baronswald (Raeren). *Foto: Schlösser*

Am Eingang der Stadt, vor der Langesthaler Brücke, ging unser Waldfestzug auseinander. Aber noch einmal loderte alle Sommer- und Waldesfreude auf, als es von der Kehrberghöhe wie aus dem Bellmerin in den stillen Abend klang, und das war die Dankeshymne der Eupener an ihren Wald:

Wir singen auf dem Heimweg noch
ein Lied der Dankbarkeit!
Lad' ein wie heut' uns wieder
auf Laubeslust und Lieder
zur schönen Maienzeit!

Viel Sorge machte der preußischen Verwaltung auch die Wolfsplage. Sie brachte es mit sich, daß der Wald etwas Unheimliches an sich hatte und man ihn darum nach Möglichkeit mied. Aus den im Hauptstaatsarchiv Düsseldorf liegenden Akten ist ersichtlich, daß in der Zeit von 1817 bis Anfang 1860 im Gebiet des Kreises Eupen 41 Wölfe erlegt worden sind.

Den 34 782 Morgen Waldungen und Oedland des Jahres 1828 stehen nach der Statistik des Jahres 1960 im ehemaligen Kreis

Eupen 33 488 Morgen gegenüber. Daß die Ausdehnung des Waldes abgenommen hat, liegt vor allem daran, daß Gemeindeverwaltungen im Laufe des 19. Jahrhunderts größere Wald- und Heideparzellen verkauft haben, die dann zum großen Teil gerodet wurden. Willy Gillessen hat ausgerechnet, daß allein die Gemeinde Raeren zwischen 1822 und 1870 ungefähr 1000 Morgen Wald und Oedland veräußert hat. Im Notjahr 1848 überließ der Staat der Gemeinde Eupen 400 Morgen Wald in der Nähe der Monschauer Straße zur Rodung. Heutzutage ist man viel strenger geworden. Die Forstverwaltung setzt sich mit allen Kräften für die Unantastbarkeit unserer Wälder ein, was jeder einsichtige Bürger sehr begrüßt.

Vom Wirtschaftswald zum Erholungs- oder Schönheitswald

Bis ins 19. Jahrhundert hinein sah man fast ausschließlich den volkswirtschaftlichen Nutzen des Waldes, er lieferte Bau- und Brennholz, Holzkohle und Lohe. Es fehlte dort jegliches Wegesystem. Zum Wandern durch den Wald verspürten wenige Menschen Lust, mußten die meisten doch auf dem Weg zur Arbeitsstätte stundenlange Wege zurücklegen oder fanden bei der Arbeit auf den landwirtschaftlichen Nutzflächen genügend Bewegung.

Auffallend wenig Dichter und Schriftsteller haben sich vor dem 19. Jahrhundert mit dem Wald beschäftigt. Man sah zwar seinen praktischen Nutzen, für seine Schönheit jedoch hatten nur wenige ein Auge. Es sind die Romantiker wie Josef von Eichendorff (1788-1857), die anfangen, den Wald zu besingen:

Wer hat dich, du schöner Wald, aufgebaut
so hoch da droben?
Wohl den Meister will ich loben,
solang noch mein Lied erschallt.

Die modernen Verkehrsmittel – Straßenbahn und Auto -, die Anlage von Wanderwegen und Schutzhütten, die Gründung von Wandervereinen, nicht zuletzt des Eifelvereins, sorgten dafür, daß immer mehr Menschen die Schönheit des Waldes entdeckten und in ihm Erholung suchten von der Hektik und dem Streß des heutigen Lebens.

Noch viele andere Vorteile hat der Wald: Er verhindert die Bodenerosion, er gleicht Klimaschwankungen aus, mindert die Windgeschwindigkeit, er gleicht den Wasserabfluß aus und sorgt für reines trinkbares Grundwasser, er bietet vielen wildlebenden Tieren und Pflanzen den Lebensraum, er reinigt die Luft von Staub, Gasen und radioaktiven Stoffen.

Als in Raeren noch die Nachtigall sang
Von kleinen Wäldchen oder „Büschen"

Früher gab es im Eupener Land eine Reihe von kleinen Wäldern, auch „Büsche" genannt, so den Kirchbusch in Walhorn, den Mönchenbusch bei Belven, das Krapoeler Büschchen bei Rabotrath, im vorigen Jahrhundert ein beliebtes Sonntagsziel der Eupener, das Waisenbüschchen in Eupen, das noch heute besteht.

Jedermann kannte den Mönchenbusch, den man durchquerte, wenn man von Kettenis über Mähheide und Knoppenburg nach Raeren ging. Der Name des in der Nähe liegenden Gutshofes Mönchenbusch erinnert noch heute an ihn.

An den Zyklopensteinen in der Nähe des Landgrabens, unweit von Köpfchen. Von weitem gleichen sie schlafenden Elefanten.
Zeichnung: P. Emonts-pohl

Unweit des Gutshofes Blar, in der Nähe des Marienheims in Raeren, am Periolbach, lag das sogenannte „Panesbüschchen". Wenn man von der „Hohen Brücke" aus dem Wiesenpfad nach Blar einschlug, sah man das Wäldchen auf der rechten Seite des Baches, etwa an der Stelle, wo sich heute die Kläranlage befindet, bis zum ehemaligen Steinbruch in Richtung Bergscheid.

Eine betagte Raerenerin (Frau Leo Radermacher-Blar), wußte mir zu berichten, daß ihr Großvater (gest. 1926) noch die Zeit gekannt hat, da in diesem Wäldchen Nachtigallen sangen. Bekanntlich ist ihr Lied, das etwa bis Mitte Juni ertönt, das herrlichste, das eine Vogelkehle hervorzubringen vermag. Sogar von der Neudorfer Seite kamen Einwohner abends zum Panesbüschchen, um sie zu hören. Zwischen 1920 und 1930 ist auch dieses Wäldchen gerodet worden, und die letzten Nachtigallen haben Raeren längst verlassen.

Woher kommt der Name Panesbüschchen?

Zunächst ist zu bemerken, daß der Raerener nicht von Pannes sondern von Panesbüschchen spricht. Es kann sich also nicht um Pannen (Dachziegel) handeln. Das kommt auch gar nicht in Frage, denn in der damaligen Zeit wurden Dachziegel dort hergestellt, wo es Lehm gab – etwa auf Vergevenis oder auf der Pfau – jedoch nicht da, wo sich nur Blaustein befindet.

Das Wort „Panes" bedeutete früher „Brauhaus". Es ist nicht ausgeschlossen, daß das Paneswäldchen früher einem Brauer gehört hat, der in der Nähe von Haus Raeren, wo im sog. „Hausborn" kristallklares Wasser zur Verfügung stand, den Gerstensaft herstellte. Auch in Walhorn befand sich neben dem Königshof das „Panhaus", ein Gebäude also in dem Bier gebraut wurde. Noch heute trägt es diesen Namen.

Das Krapoeler Wäldchen

Zu diesem Wäldchen schreibt Postdirektor Rutsch in seinem 1879 erschienenen Buch „Eupen und Umgebung", S. 166: „Nicht zu Unrecht erfreut sich das etwa 3/4 Stunde nordwestlich von Eupen gelegene Krapoeler Wäldchen bei den Bewohnern Eupens großer Beliebtheit.

Die hauptsächlich aus Eichen, Buchen und Tannen bestehende Anlage ist jüngeren Ursprungs, und nur einzelne Baumriesen verraten ein hohes Alter. Mehrere sauber gehaltene Wege durchschneiden das schattige Wäldchen, während angebrachte Bänke zum Ruhen einladen. Das Wäldchen ist ein ausgiebiger Fundort für „Waldmeister", den lieblichen Frühlingsboten lustiger Zecher."

N.B. Waldmeister, dessen Blütezeit in die Monate April-Mai fällt, wird gebraucht zum Würzen der Maibowle.

Hertogenwald

Hehr deine schlanken Stämme ragen,
es wiegt das Farnkraut sich im Wind,
weither tönt heis'res Krähenklagen,
es rauschen deine Wipfel lind.

Der Bach rauscht schäumend durch die Stille
dem alten Wegkreuz seinen Gruß,
drauf steht, daß hier nach Gottes Willen
ein Mensch sein Leben lassen mußt'.

Die Sonne bricht durch das Gezweige,
die Schatten zittern auf dem Grund,
nichts weit und breit, nur tiefes Schweigen
liegt über allem in der Rund'.

Aus dem Geäst der alten Buche
lugt scheu ein Eichhorn, huscht zur Erd'.
um seinen Vorrat sich zu suchen,
bevor der Winter wiederkehrt.

Auf einer Lichtung, sonnbeschienen,
ein Rudel Rehe ruhig äst.
Reineke Fuchs mit schlauer Miene
trägt Beute in sein Räubernest.

Baumriesen streben auf wie Säulen,
verraten mächt'gen Bauherrns Hand.
Man möchte ewig hier verweilen,
unlöslich schlingt der Wald sein Band.

Hertogenwald, in deinem Schatten
genoß ich Frieden manche Stund',
wenn, von der Hast der Zeit ermattet,
dein Jungborn machte mich gesund.

Jean Vilvoye

Alles, was von Eupen kommt, das singt

Das 19. Jahrhundert: Blütezeit des Volkslieds

Das Eupener Land ist dafür bekannt, daß seine Menschen sangesfreudig sind. Allerdings waren bis etwa 1800 die meisten der heute gesungenen Volkslieder unbekannt, wenn es auch schon hier und da deutsche Lieder gab. So sang man schon um 1200 im Aachener Dom das alte Weihnachtslied „Nun sei uns willkommen, Herre Christ"; im 16. Jahrhundert gab es auch schon das eine oder andere Naturlied wie „Grüß Gott, du schöner Maien". Aber erst das 19. Jahrhundert bescherte uns – besonders unter dem Einfluß der Romantik – eine Fülle herrlicher Volkslieder. Daß der sangesfreudige Eupener von dieser Bewegung angesteckt wurde, war nicht verwunderlich. Ehe die mechanische Musik aufkam, sang man bei uns überall: im Gotteshaus, in der Schule, in der Familie, bei der Arbeit, zu Hause und unterwegs... Ich selber habe noch vor 50 Jahren einen Eupener Dachdecker gekannt, der sogar auf den Dächern seine Lieder erklingen ließ, z.B. im Mai „Maria, Maienkönigin". Es gab kaum ein Familienfest, keine Hochzeitsfeier ohne gemeinschaftlichen Gesang. Dabei wurde das Herz froh und leicht. Es ist wahr, was Fr. C. Meyer schreibt:

Manchmal braucht es nur ein Lied zu sein,
irgendein still-versonnenes,
zauberumsponnenes,
werktagsentronnenes Märchenlied.
Dann, mit einem Schlag
ist sonnenblau der graue Tag
und voller Glanz und Licht und Sonnenschein.

Das Kunstlied und der mehrstimmige Gesang

Mehrstimmigen Gesang kannte man jedoch vor 1828 im Eupener Land nicht. Um diesen Gesang zu hören, mußte man schon nach Aachen reisen, wo ein kleiner Domchor bestand, oder an den Hof des Kürfürsten in Bonn. Denn mehrere Jahrhunderte lang war die mehrstimmige und instrumentale Kunstmusik fast ausschließlich unter der Protektion der Fürsten gepflegt worden. Die Kirchenmusik war dementsprechend höfische Kunst geworden. Durch die Verbindung mit der weltlichen Musik war sie in ein unwürdiges Verhältnis zur Oper und zum Instrumentalkonzert geraten. Ein Gloria z.B. mußte Arien aufweisen. Als 1792 die Franzosen einrückten und drei Jahre später das ganze Rheinland an Frankreich anschlossen, wurden die Fürstenhöfe weggefegt. In bezug auf den mehrstimmigen Gesang stand man ungefähr vor dem Nichts.

Die ersten Männerchöre erstehen – auch in Eupen

Jedoch bald erstand aus den Ruinen neues, blühendes Leben. Verschiedene Faktoren trugen dazu bei. Im Zuge der Demokratisierung wurde die Kunstmusik, die bis dahin Privileg der Fürsten gewesen war, Sache des Volkes. Gefördert wurde es darin durch die schon oben erwähnte Romantik, einer Bewegung, die das Gemüt mächtig ergriff.

Es fing an mit der Gründung der städtischen Musikvereine und der Männergesangvereine. Sie traten das Erbe der höfischen Musik an, und von beiden hat auch die Kirchenmusik Anregungen erhalten. Im Jahre 1809 gründete Karl Friedrich Zelter in Berlin die erste Liedertafel. Der Gedanke, das Volkslied im mehrstimmigen Männergesang zu pflegen, fand auch großen Anklang im sangesfreudigen Rheinland, zu dem wir seit 1815 gehörten. 1818 enstand in Bonn unter Leitung von Karl Schmelz und auf Anregung von Oberpfarrer Iven ein Männergesangverein, der zugleich auch Münster-Kirchenchor war. 10 Jahre später, also 1828, wurde der erste Aachener Gesangverein, die „Liedertafel" gegründet. Bald sprang der zündende Funke nach Eupen über. 1839 bildete sich hier für die Klosterkirche ein „Klostergesangverein", der sich den Namen „Concordia" beilegte. Aus Schülern der Stadtschule entstand ebenfalls im Jahre 1839 das erste Männerquartett, das bald zu einem bedeutenden Männergesangverein wurde. Um die gleiche Zeit entstand ein Musikverein von Streichern und Bläsern, der 1844 durch eine Chorabteilung erweitert wurde.

1846 begleitete die „Concordia" mit einer eigens engagierten Musikkapelle die Eupener Pilger zur Heiligtumsfahrt nach Aachen. Am 21. Juni 1849 hielt sie ein Konzert zum Wohle der damals zahlreichen Armen. Dies war der erste Auftritt im weltlichen Gesang. Dieses Konzert bildete den Auftakt zu ei-

Dirigent Robert Mommer (1844-1908). Er gründete im Jahre 1905 den „Marienchor an der Klosterkirche". Nach einem Gemälde von Karl Mommer.

ner Reihe bemerkenswerter edler und Wohlfahrtszwecken dienender Veranstaltungen.

1850 schlug die Geburtsstunde des ersten Eupener Pfarrgesangvereins. Nach der Fronleichnamsprozession trafen sich zwei idealgesinnte und für den Kirchengesang begeisterte Persönlichkeiten: Vikar Wilh. Aeg. Breuer, Rektor an der Werthkapelle, und der jugendliche Hubert Kirsch. Sie beschlossen die Gründung eines Chors. 1851 wurde derselbe von Pfarrer Pauls angenommen.

Wenige Jahre später entstand auf Anregung von Pfarrer Sünn auch in der großen Landgemeinde Raeren ein Pfarrgesangverein. In den Statuten heißt es: „Er setzt sich zusammen aus einer Vereinigung zu Raeren wohnender Freunde des gregorianischen und musikalischen Gesangs. Sein Zweck ist, mit vereinten Kräften zur Förderung des Kirchengesangs mitzuwirken."

Vier Jahre später – im Jahre 1864 – erblickten im Dekanat Eupen zwei weitere Kirchenchöre das Licht der Welt. In der Mutterpfarre Walhorn wurde unter Pfarrer Mennicken ein neuer Chor gegründet, dessen erster Dirigent Lehrer Kuhl war, während in der Nachbarpfarre Lontzen Lehrer Frings die Anregung zur Gründung gab.

In den 70er und 80er Jahren des vorigen Jahrhunderts entstanden auch in den übrigen Pfarreien des Dekanates Kirchenchöre. 1873 gab Kaplan Josef Breuer die Anregung zur Gründung des Kirchenchors „Cäcilia an St. Josef" in Eupen, 1873 gab die junge Pfarre Hauset sich unter Pfarrer Brammertz einen Kirchenchor. 1880 folgte Kettenis unter Pfarrer Wieland und im gleichen Jahr Eynatten auf Anregung von Pfarrer Offermanns.

Der Kirchenchor von Herbesthal besteht erst seit 1904. Bekanntlich wurde die 1901 erbaute Kirche von Herbesthal erst 1912 zur Pfarrkirche erhoben. Der „Marienchor der Klosterkirche" zu Eupen wurde am 29. August 1905 auf Anregung von Robert Mommer gegründet. Er gilt auch heute noch als gepflegter Männerchor, der geistliche und weltliche Chorwerke von hohem Niveau interpretiert.

Gesangvereine schießen wie Pilze aus dem Boden

Die zweite Hälfte des 19. Jahrhunderts bescherte dem Eupener Land eine nie dagewesene Blütezeit der Sangeskunst. Neben der schon erwähnten Concordia und den verschiedenen Kirchenchören erblickten in dieser Zeitspanne folgende Vereine das Licht der Welt:

Amicitia, Nispert (1874)
Arbeiter-Gesangverein (1852)
Handwerker-Gesangverein, Eupen
Gesellen-Chor, Eupen
Liedertafel, Eupen (1887)
Gesangchor des Jünglingsvereins
Liederkranz, Kettenis (1865)
Handwerker-Gesangverein, Raeren (1885) unter dem Motto:

Sind wir von der Arbeit müd',
ist noch Kraft zu einem Lied.

In bester Erinnerung bei den älteren Mitbürgern ist auch noch die Eupener Sängervereinigung, die in den Jahren zwischen den beiden Weltkriegen unter ihrem Dirigenten Nikolaus Thess Großartiges geleistet hat. Die mehr als hundert Sänger rekrutierten sich aus allen Eupener Gesangvereinen. Ihr Ziel war vor allen Dingen die Teilnahme an großen Gesangwettstreiten, von denen sie meist preisgekrönt heimkehrte. Dasselbe gilbt für das 1926 von Willy Mommer sen. gegründete Eupener Männerquartett, ein noch immer sehr aktiver Klangkörper. Staunenswert ist es, daß besonders die Arbeiter und Handwerker es bei ihrer im 19. Jahrhundert so karg bemessenen Freizeit fertigbrachten, sich der Sangeskunst zu widmen, die gewiß ihr so mühseliges Leben in etwa verklärte.

Wo blieben die Damen mit ihren schönen Stimmen?

Wahrscheinlich war um die Mitte des 19. Jahrhunderts die Emanzipation der Frauen noch nicht so weit fortgeschritten, daß sie es wagen durften, in Gesangvereinen öffentlich aufzutreten. Aber zum Ende des Jahrhunderts war es soweit. Unter Leitung von Philipp Gretscher bildete sich ein „Kränzchen", ein gemischter Chor, der die Glanzleistung vollbrachte, Haydns „Jahreszeiten" vorzutragen. Um 1900 war ein drei-

Harmonie-Musikverein Eupen im Jahre 1925.

stimmiger Frauenchor unter Leitung von Ramrath bemüht, hochstehende Musikwerke zu studieren und den Eupenern zu vermitteln.

Nicht unerwähnt bleiben dürfen auch die Gesangabteilungen der verschiedenen Jungfrauen-Kongregationen, die recht beachtliche Leistungen aufweisen konnten.

In den letzten Jahrzehnten entstanden dann auch Kinderchöre, von denen die bedeutendsten der Raerener Kinderchor und der Unterstädter Kinderchor sind. 1991 wurde in Eupen unter dem Namen „Eupener Sängerknaben" ein Knabenchor neu gegründet.

Im Verein mit den zahlreichen Musikkapellen (die Eversche Kapelle, der Harmonie-Musikverein, die Voßsche, die Franßensche und die Nyßschen Kapelle) brachten alle diese Chöre die Seele des Eupener Landes zum Singen und Klingen und leisteten wertvolle Kulturarbeit.

Der Raerener Kinderchor.

Wie die Raerener Kirmes feierten

Die Kirmes hat heute nicht mehr die Bedeutung wie etwa um die Jahrhundertwende. Mit recht sagt man: Es ist ja jeden Sonntag Kirmes. Während unsere Großeltern nur bei Hochzeiten und an Kirmestagen Platz und Fladen kannten, gibt es heute in den meisten Familien an jedem Sonntag Gebäck – und manchmal auch noch an Wochentagen. Und während früher nur einige Male im Jahr ein Ball stattfand, gibt es heute viele, die an jedem Wochenende das Tanzbein schwingen. Das sind Folgen der Wohlstandsgesellschaft, in der wir leben, Folgen über die man geteilter Meinung sein kann.

Woher kommt das Wort Kirmes?

Kirmes kommt von Kirch-Messe. Ihr Ursprung ist ein kirchliches Fest, das Fest nämlich, das gefeiert wurde zur Erinnerung an die Kirchweihe, an den Tag also, da der Bischof das neuerbaute Gotteshaus eingeweiht hatte. Man nannte es das Kirchweihfest. Die Raerener Pfarrkirche war am 20. Juni 1770 geweiht worden, einige Tage also vor dem Fest des heiligen Johannes des Täufers (24. Juni). Aus diesem Grund wohl hat man vor 200 Jahren die Kirmes am Sonntag vor dem 24. Juni gefeiert. Im Pfarrarchiv befindet sich eine Notiz von Kaplan Cratz aus dem Jahre 1781, worin es heißt: „Im Jahre 1778 wurde das Kirchweihfest auf den Sonntag vor dem Fest des hl. Johannes des Täufers verlegt."

Neben dieser sogenannten „großen" Kirmes gab es noch eine „kleine" und zwar am Sonntag nach Christi Himmelfahrt. Später – den genauen Zeitpunkt kennen wir nicht – wurde die Raerener Kirmes auf den Sonntag nach Mariä Himmelfahrt (15. August) verlegt, an dem sie noch heute gefeiert wird.

Vorbereitungen auf die Kirmes

Kirmes war ein Fest, auf das man sich das ganze Jahr hindurch freute. Monate im voraus wurden die Wochen und Tage gezählt. Hausfront und Giebel erhielten einen neuen Anstrich, wenn dies nicht schon für die Fronleichnamsprozession geschehen war. Die Fußböden wurden neu geölt und die Öfen auf Hochglanz gebracht.

Jeder junge Mann mußte natürlich sein Mädchen haben. Sechs Wochen vor dem Fest machten die jungen Männer, die noch keine Braut hatten – immer mindestens zu zweien – im Hause des auserwählten Mädchens einen Besuch. Den Kameraden, der den Begleiter spielte, nannte man den „Prang". Es kam vor, daß der junge Mann und das Mädchen noch nie ein Wort miteinander gesprochen hatten. Schon bald merkte der junge Mann, der mit klopfendem Herzen das Haus seiner Auserwählten betrat, ob er dem Mädchen und seinen Eltern genehm war oder nicht.

Die letzte Woche vor der Kirmes

Zu Beginn der letzten Woche vor dem Fest erreichten die Vorbereitungen ihren Höhepunkt, das Geplänkel wurde zur Schlacht. Es wurde gescheuert und geschrubbt, bis alles blitzblank war. In jeder Familie wurde der Kirmesschinken gekocht. Da mit vielen Gästen gerechnet werden mußte, wurde für den Kirmeskaffee unwahrscheinlich viel Gebäck bestellt. Man erzählt heute noch von einer Raerenerin, die im Hinblick auf die Kirmes gesagt haben soll: „Voffzeg wisse Vläm, dresseg schwatze en zeen Krängs... me mos jo en Klengeghet ejen Huus haan." Das heißt: „Ich bestelle fünfzig Reisfläden und dreißig schwarze und zehn Kränze. Man muß doch eine Kleinigkeit im Haus haben."

Die achtzehn Bäcker, die es um 1910 in Raeren gab, hatten Tag und Nacht zu tun und mußten Hilfskräfte einstellen. Die Hausfrauen standen schwitzend am Herd und kochten den für den Fladen bestimmten Reisbrei, der so steif sein mußte, daß ein hineingestellter Rührlöffel nicht umfiel. Für acht Fläden rechnete man ein Pfund Reis. Für die schwarzen Fläden, die man „Spieß" nannte, wurden „Backemüs" gekocht, das waren im Backofen gedörrte süße Äpfel. Für den Apfelzuschlag wurden Äpfel geschnitzelt. Am Donnerstag oder Freitag war dann alles soweit, daß es zum Bäcker gebracht werden konnte – ich habe es selbst getan. Schüsseln und Reiseimer wurden mit Namenszetteln versehen. Trotzdem wird es für den Bäcker nicht leicht gewesen sein, alles auseinander zu halten. Den fertig gebackenen Fladen mit den „Kränzen" – ein kuchenartiges Gebäck – brachte der Bäcker nicht ins Haus, man mußte ihn selbst abholen. Mit Horden aus Flechtwerk bewaffnet, zogen wir Kinder los, um die süße Herrlichkeit in

Empfang zu nehmen. War der Weg zur Bäckerei allzuweit – bekanntlich sind die Entfernungen in Raeren groß – kam es vor – ich habe es so erlebt – daß Vater das Pferd anspannte, und mit dem Heuwagen ging es zur Bäckerei. Dort angekommen, wurden Fläden und Kränze auf dem Boden des Wagens ausgebreitet. An den Seitenwänden baumelten die leeren Eimer. Zu Hause wurde die kostbare Last von der ganzen Familie freudig in Empfang genommen und in den kühlen Keller gebracht. Von dort drang der Duft verheißungsvoll durch alle Räume.

Die Kirmestage

Am Samstagabend war alles still: die Ruhe vor dem Sturm. Auf dem Kirmesplatz wurden die letzten Krambuden aufgebaut. Veranstaltungen kannte man damals an diesem Abend nicht. Der Trubel begann erst nach dem Hochamt am Kirmessonntag. Während des Hochamts war die Pfarrkirche viel zu klein, in und vor der Kirche gab es großes Gedränge. Nach dem letzten Lied ergoß sich der Menschenstrom den Kirchberg hinab. In den Lokalen wurden die ersten Tänzchen gedreht. Ein betagter Raerener wußte mir zu berichten, daß in seiner Jugend draußen auf dem Platz ein Tanz aufgeführt wurde. Ein anderer, 85jähriger Raerener, erzählte: „Im Hochamt des Kirmessontags fand die Kräutersegnung statt. Von diesen gesegneten Kräutern wurde im Laufe des Jahres dem kranken Vieh etwas ins Futter gegeben und bei starkem Gewitter wurde ein Sträußlein ins Herdfeuer geworfen. Mit dem dicken Kräuterbüschel (Kruutwesch) in der Hand saßen wir Jungen nach dem Hochamt auf den Rossen des Pferdekarussells."

Auf dem Kirmesplatz ging nach dem Hochamt der Betrieb los. Man kannte damals noch nicht den ohrenbetäubenden Lärm, mit dem man heute auf dem Kirmesplatz „beglückt" wird, so daß man kaum sein eigenes Wort verstehen kann. Es gab noch keine Lautsprecher, die alles übertönten. Die Kirmesorgeln, mit der Hand gedreht, klangen lieblich und friedlich. Auch die Karussells wurden nicht durch Motoren, sondern durch Pferde oder – dies war beim Kettenkarussell der Fall – durch junge Burschen in Bewegung gesetzt. Natürlich fehlte auch die Luftschaukel nicht, und die Jugendlichen ließen sich bis unter das Zeltdach emporschleudern.

Die Raerener Kirmes war ein echtes Familienfest, Verwandte von nah und fern, von diesseits und jenseits der Grenze, fanden sich ein. Die ersten waren schon zum Mittagessen da. Wieviel gab es da zu erzählen! Manche hatten sich ein ganzes Jahr lang nicht mehr gesehen. Das eigentlche Festmahl jedoch war der Kirmeskaffee. Berge von Pistolets und Fläden wurden aufgetischt. Die bis dahin lebhafte Unterhaltung verebbte, und man hörte nur noch das Klirren der Messer und Gabeln. Ab und zu forderte die Hausfrau zum Zugreifen auf: „Now eisst doch, döht es, wenn der heem wüürt!"

Natürlich mußte man auch ein Paket Kranz und Fladen mitnehmen für die Angehörigen, die zu Haus hatten bleiben müssen. Auch sie sollten Anteil an der Kirmesfreude haben. Zu diesem Zweck wurden während des ganzen Jahres die anfallenden Schuhkartons sorgfältig aufgehoben. Gegen 17 Uhr mußten viele zum Stall, um dort die Kühe zu melken. Wie aus der Gemeindechronik ersichtlich, gab es um 1910 in Raeren 400 Haushaltungen, die Vieh besaßen. Die Gäste schauten zu oder machten einen Verdauungsspaziergang durch die Wiesen oder zum Kirmesplatz.

Hochbetrieb in den Wirtschaften und Tanzlokalen

Natürlich hatten auch die Wirte Hochbetrieb. Um 1900 gab es in Raeren sieben Tanzlokale. Daß auch in den übrigen Wirtschaften – es gab deren im Jahre 1900 nicht weniger als 36 – allerhand los war, liegt auf der Hand. Daß dabei auch manche Mißstände zu beklagen waren, ist auch bekannt. Trunkenheit war ja das große Laster der damaligen Zeit. Kein Wunder, daß es in diesem Zustand auch manchmal zu Schlägereien kam!

Sowohl die St. Hubertus-Schützengesellschaft wie auch der Kriegerverrein und die Sebastiani-Schützengesellschaft veranstalteten ein Preisschießen. Wer das Glück hatte, den Vogel abzuschießen, wurde als neuer König oder gar als Kaiser (dies im Kriegerverein) gefeiert.

Der Kaffeesonntag

Ein eigentümlicher Brauch, der uns von keinem anderen Dorf bekannt ist, war der sogenannte Kaffeesonntag, 14 Tage nach

Kirmes. Auch an diesem Tag trat das „Spääl" auf. Es war eine gesellschaftliche Vereinigung der Burschen für die Feier der Kirmes. So gab es ein Spääl für Neudorf, Botz, Born, Honien und Sief. Jedes Spääl hatte sein Lokal, wo man sich zusammen amüsierte.

Am Nachmittag des Kaffeesonntags trafen sich noch einmal die Späälmitglieder in ihrem Lokal. Währenddessen versammelten sich die Frauen und Mädchen zur Andacht in der Pfarrkirche. Nach der Andacht ergoß sich der Schwarm der buntgekleideten Damenwelt den Kirchberg hinab. Aus der Ferne erklang schneidige Marschmusik. „Do könt et Dörps-Spääl!" rufen Frauen und Mädchen begeistert aus. In kurzem Abstand folgen sich die verschiedenen Spääls, die von ihrem Stammlokal aus nach Driesch gekommen sind, um die Mädchen in Empfang zu nehmen, so wie es auch schon nach dem Hochamt am Kirmessonntag geschehen war. Unter Anführung des Bretzmeisters geht es dann Arm in Arm unter klingendem Spiel zum Spääl-Lokal. Dort sind inzwischen schon die Tische gedeckt. Jeder kann auf Kosten des Wirtes nach Herzenslust Kaffee trinken und Fladen essen.

Nach dem Kaffeetrinken werden Tische und Stühle fortgeräumt. Eine Blaskapelle spielt zum Tanz auf, der bis 19 Uhr währt. Dann muß man nach Haus, um bei der Stallarbeit zu helfen. Danach wird wieder das Tanzbein geschwungen – manchmal bis zum frühen Morgen.

Damit ist die Kirmes endgültig vorbei. Noch lange bildet sie das Dorfgespräch... und schon freut man sich auf das nächste Jahr.

Hinaus, den Wanderstab zur Hand!

Die Eupener Ortsgruppe des Eifelvereins

Nimm den Wanderstab zur Hand!
Vernimm die frohe Kunde!
Uns winkt im schönen Eifelland
so manch' vergnügte Stunde!

Mit diesen Worten beginnt ein von den Mitgliedern der Ortsgruppe Eupen gern gesungenes Eifellied. In den beiden Jahrzehnten vor dem Ersten Weltkrieg war der Verein in Eupen zu einem wichtigen Kulturfaktor und zu einem Vorbild für sinnvolle, frohmachende Freizeitgestaltung geworden.

Die Gründungsversammlung

Unter Vorsitz des verdienstvollen Bürgermeisters Th. Mooren fanden sich am 1. Oktober 1893 im Tonnarschen Lokal ca. 50 Personen ein. Im Mittelpunkt des Abends stand ein Vortrag des Hauptvorsitzenden Dr. Dronke aus Trier, dem Gründer des Eifelvereins. Die Eifel, lange Zeit verschrieen als das „preußische Sibirien" sollte nach Dr. Dronkes Plan nicht nur wirtschaftlich gehoben werden, es sollten auch den Men-

Das „Tonnarsche Lokal". Hier wohnte und wirkte August Tonnar (1827-1909), der Wegbereiter des Eupener Kulturlebens.

schen die Augen geöffnet werden für ihre vielfältigen Schönheiten. In den 5 Jahren seit der Gründung im Jahre 1888 hatte der Verein schon 500 km Wanderwege angelegt und über 20 Brücken gebaut. Er zählte bereits 4000 Mitglieder in 59 Ortsgruppen.

Nach diesem Vortrag schlug Bürgermeister Mooren die Gründung einer Ortsgruppe in Eupen vor, was von allen Anwesenden begrüßt wurde. In den Vorstand wurden gewählt die Herren Landrat Alfred Gülcher als Vorsitzender, Rudolf Fettweis und Warlimont als Vizepräsidenten, Oberlehrer Dr. Käseberg als Schriftführer und Regierungsbauführer Menden als Kassierer (Bericht der „Eupener Zeitung" vom 4. Okt. 1893).

Die weitere Entwicklung

Aus kleinen Anfängen – 1893 zählte man 53 Mitglieder – entwickelte sich der Verein zu einer großen Organisation. 1908 legte Landrat Gülcher aus Gesundheitsrücksichten den Vorsitz nieder. Sein Nachfolger war Amtsgerichtsrat de Nys. Unter ihm nahm der Verein einen stürmischen Aufstieg, so daß er im Jahre 1910 etwa 300 Mitglieder zählte. Auf seinem Programm standen nicht nur die regelmäßigen Wanderungen – sie führten auch oft über die Landesgrenze hinweg in das belgische Umland – er setzte sich auch eifrig ein für Denkmal- und Landschaftsschutz und organisierte gesellige Abende, die bei der Eupener Bürgerschaft großen Anklang fanden.

Das erste Eifelvereinsfest am 14. Oktober 1909

Über dieses gelungene Fest berichtet die „Eupener Zeitung": „Am Schluß der diesjährigen Sommer-Wandersaison angelangt, hatte der Verein es sich nicht nehmen lassen, dieselbe durch ein in allen Teilen gesund durchdachtes Eifelvereinsfest zu beschließen. So fand am Donnerstagnachmittag zunächst eine Wanderung nach Scheibenstand Diebach statt, der zwar der Himmel wenig günstig war, die trotzdem einen schönen Verlauf nahm. Abends 7 Uhr zum Aussichtsturm zurückgekehrt, bildete sich dort ein imposanter Fackelzug, der unter Vorantritt der Nießenschen Musikkapelle sich durch die Stadt bewegte, ein buntilluminierendes Bild gewährend.

Der Eupener Eifelverein auf einer Wanderung nach Seveneiken (Hertogenwald). Die Aufnahme stammt aus der Zeit vor 1914.

Im Tonnars Lokal angelangt, trat eine Pause ein, und um 1/2 9 begann unter einer kolossalen Beteiligung die Saalfeier. Mit der Ouvertüre „Ein Sommerfest" wurde dieselbe eingeleitet, und dann ergriff der um das Blühen des Vereins so hochverdiente Amtsgerichtsrat de Nys das Wort zu einer kernigen Begrüßungsrede. Zum erstenmal sei es, daß der Verein ein solches Fest begehe. Die Entwicklung habe geradezu dazu gedrängt. In den letzten neun Monaten seien allein 14 große und größere Wanderungen in alle Gegenden und nach allen Himmelsrichtungen unternommen worden. Die fröhlichen Lieder seien schon in Spa, in Moresnet, in Henri-Chapelle, im Kallbachtal usw. erklungen. Entzückt sei der Haupteifelverein, daß er auf der diesjährigen Versammlung in Eupen so großartig empfangen worden sei. Auch habe der Verein persönlichen Verkehr angebahnt mit anderen Vereinen, sogar in den Niederlanden und habe durch Wort und Bild dazu beigetragen, dem Verein neue Anhänger zu gewinnen und unsere Umgebung zu preisen. Dies sei dem Verein besonders leicht durch eine Anzahl rühriger Mitglieder. Die Erinnerungen habe ein findiger Berichterstatter umgewandelt, ein echter Dichter habe sie besungen und in tönende Musik umgesetzt. Dies sei also Grund genug, sich zu freuen. Diese Freude komme aber auf den Versammlungen und Wanderungen zu ihrem vollen Rechte..."

Nach den musikalischen Einlagen kommt der Höhepunkt des Festes, von dem es in der Zeitung heißt:

„Den höchsten Reiz verlieh dem Feste jedoch das Volksstück mit Gesang „Die Eifeltour", vom Vereinsmitglied Hubert Schiffer aus Raeren eigens zu dem Feste gedichtet. Das Stück, das eine verhängnisvolle Eifeltour schildert, die mit einer doppelten Verlobung endigt, ist so ganz aus dem Leben gegriffen und verrät, bilder- und pointenreich, wahrlich hohe dichterische Begabung. Auf den Verfasser, der dem Verein schon so manche edle Dichterspende zukommen ließ, darf der Verein mit recht stolz sein. Auch die Gemeinde Raeren schätzt ihn hoch, und man kann ihn wohl treffend den Raerener Tonnar nennen.

Der Beifall, an dem auch die Mitglieder, die durch Aufbietung ihrer besten Kräfte wesentlich zum gediegenen Gelingen des Werkes beigetragen hatten, nicht geringen Anteil hatten, war ein spontaner, aufrichtiger und tosender, der den genialen Dichter unbedingt zum Erscheinen auf der Bühne zwang. Dort wurde ihm von Vereinsdamen in Anerkennung seiner hohen Verdienste unter herzlichen Worten des Dankes seitens des zweiten Vorsitzenden, Herrn Professor Rochels, ein mächtiger Lorbeerkranz überreicht...

Nun trat der Tanz in seine Rechte..."

Das Spabrunnenfest

In einem Seitentälchen der heutigen Wesertalsperre gab es früher einen Sauerbrunnen, wie sie in der Gegend von Spa so oft vorkommen und den man darum Spabrunnen nannte. Er bildete ein beliebtes Ausflugsziel.

Am 10. August 1910 machte sich der Eifelverein bei herrlichem Sommerwetter auf den Weg, um hier eine von Hubert Schiffer gefertigte Statue einzuweihen. In seiner Ansprache sagte Amtsgerichtsrat de Nys: „Nicht treffender konnte der Benjamin unter unseren Quellen in seinem rostroten Kleid personifiziert werden als durch diesen urwüchsigen Bauernjungen, der aus dem Felsen hervortritt..."

In der Bürgerzeitung vom 12. August heißt es zum weiteren Verlauf des Festes:

„Nunmehr ging man zum Picknick über. Ein fahrendes Restaurant des Herrn Neuhaus-Tonnar hatte reichlich dafür Sorge getragen, daß die Wanderer mit ihrem Imbiß nicht zu kurz kamen. Während des Picknicks ließ die Musikkapelle ihre schönen Weisen erklingen. Hiervon ist besonders „Die Post im Walde" hervorzuheben... Zu schnell verging die köstliche Zeit... Unter den gleichen fröhlichen Klängen ging es wieder der Stadt zu. Die Festteilnehmer fanden sich kurz nachher im Saale Neuhaus-Tonnar ein, um dem bis dahin so herrlich verlaufenen Fest seinen würdigen Abschluß zu geben. Auf vielseitigen Wunsch wurde das von Hubert Schiffer aus Raeren verfaßte Festspiel „Die Eifeltour" nochmals aufgeführt und erweckte wahre Beifallsstürme. Professor Rochels dankte allen für ihr freundliches Mitwirken bei der schönen Feier und hob besonders die Verdienste des Autors, des Herrn Schiffer, in gebührender Weise hervor. Herr Schiffer dankte mit bewegten Worten, doch gebühre ihm nicht der Dank allein. Was er getan, habe er gern als Eifler aus Liebe zur Sache getan. Es freue ihn sehr, daß in der Eupener Ortsgruppe soviel Humor und Geselligkeit herrsche, wie man es anderwärts nicht fände. Ein munterer Ball hielt die Festteilnehmer in fröhlicher Stimmung bis in ziemlich vorgerückter Stunde zusammen."

Die Ortsgruppe Eupen setzt sich ein für die Schaffung eines Naturparks Hohes Venn

Die Verschandelung und Aufforstung des Hohen Venns hatte bedrohliche Ausmaße angenommen. Einer, der dies klar erkannte und bedauerte, war Hauptlehrer Langenberg vom Eupener Eifelverein[1]. Es war wohl auf seine Veranlassung, daß die Eupener Ortsgruppe einen Antrag an die Regierung Aachen richtete um Erhaltung eines Teiles des Hohen Venns als Naturschutzpark. 1911 wurde in Verviers von dem um das Hohe Venn sehr verdienten Advokaten und Dichter Albert Bonjean eine Liga zur Verteidigung des Venns gegründet (Ligue de la Défense de la Fagne).

---

[1] Hauptlehrer Heinrich Langenberg war von 1884-1920 an der Elementarschule in der Unterstadt angestellt.

Die Familie Hauptlehrer Heinrich Langenberg.

Im Hinblick auf die Vorteile eines gemeinsamen Vorgehens wandte sich die Liga von Verviers an die Brüsseler Ortsgruppe des Eifelvereins mit der Bitte, den Hauptvorstand des Eifelvereins zu veranlassen, die Bestrebungen der Liga zu unterstützen.

Auch im Antrag der Eupener Ortsgruppe an die preußische Regierung wird auf die Notwendigkeit einer Zusammenarbeit zwischen den belgischen und preußischen Behörden hingewiesen. Es heißt dort:

„Die Schaffung eines zusammenhängenden preußisch-belgischen Reservats dürfte allein geeignet sein, das Venn in seiner Unermeßlichkeit und seinen grandiosen Linien, seiner Flora und Fauna zu erhalten; sie dürfte aber auch eine willkommene Annäherung der Bewohner beider Staaten anbahnen."

Im gleichen Jahr 1911 bat Hauptlehrer Langenberg auf der Hauptversammlung des Eifelvereins in Monschau den Verein um Unterstützung des Antrages der Ortsgruppe Eupen an die Regierung. Seine Ausführungen klangen damals so aktuell wie heute:

„Mag man auch als Staatsbürger die Beschlüsse des Provinziallandtags, die sich um eine nutzbringende Kultivierung und Aufforstung des Venns bemühen, mit Freuden begrüßen – mag man die Ausbeutung durch belgische Unternehmer, die bereits größere Vennflächen der Gemeinde Sourbrodt erworben haben, einen Kulturfortschritt nennen – immerhin wird man als Naturfreund den Wunsch berechtigt finden, daß wenigstens ein ansehnlicher Teil des Venns in seiner ursprünglichen Eigenart erhalten bleibe; und dies kann nur geschehen in der Form eines sogenannten Naturparks, in welchem man der natürlichen Entwicklung des Bodens sowie der Pflanzen- und Tierwelt gewissermaßen freies Spiel läßt, keine Fichten mehr in schnurgraden Reihen und gleicher Altershöhe pflanzt, keinen Torf mehr gräbt, keinen Baum und Strauch mehr fällt, kein Wild mehr erlegt, keine Forelle mehr fängt, damit erhalten, gerettet und geschützt werde, was die Menschheit früherer Jahrhunderte unbedachtsam geschädigt oder sozusagen vernichtet hat."

Die Bemühungen der Ortsgruppe Eupen hatten Erfolg. Nachdem am 29. Juni 1911 Vertreter des Komitees für Naturdenkmalpflege im Regierungsbezirk Aachen das Venn an der Quelle der Hill, im oberen Getzbachtal und im Bereich der Förstereien Alt- und Neu-Hattlich besichtigt hatten, wurden Verhandlungen mit den Behörden eingeleitet. Bereits am 7. November konnte der Vorsitzende des Eifelvereins, Kaufmann, dem Vorstand des Eifelvereins die erfreuliche Mitteilung machen, daß der preußische Minister für Landwirtschaft, Domänen und Forsten angeordnet habe, einen Teil des Venns bis auf weiteres nicht mehr aufzuforsten oder abzutorfen.

Die beiden Weltkriege waren dem Eifelverein natürlich nicht günstig. Seine Arbeit wurde stark beeinträchtigt. 1929 übernahm Heinrich Jeuckens die Führung der Ortsgruppe. Bis 1940 stieg die Mitgliedszahl wieder auf 300. Den Zweiten Weltkrieg mit seinen nachhaltigen Folgen und politischen Wirren überstand sie nicht, und an eine Wiederbelebung des Vereins unter den damaligen Umständen war nicht zu denken.

A. Christmann: Die Bergkapelle in Eupen.

Neubeginn und neue Blütezeit

Nach und nach erwachte sowohl bei ehemaligen treuen Eifelvereinsmitgliedern als auch bei vorher nicht organisierten Wanderfreunden der Wunsch nach Zusammenschluß und nach einer Neugründung der Eupener Ortsgruppe des Eifelvereins.

Am 2. April 1959 fand in Pauquets Kurhotel die Gründungsversammlung statt. Als Name wählte Hans Havenith, der Gründer und erste Vorsitzende, „Eifel-Ardennen-Verein". Dieser Name sollte „Brücke sein, symbolischer Ausdruck einer grenzüberschreitenden, länderverbindenden Gesinnung" (H. Havenith).

Welch großartigen Aufschwung der Verein dann genommen hat, ist ersichtlich aus der 1984 zur Feier des 25jährigen Bestehens erschienenen Festschrift.

Ein Lied, das man vor dem Ersten Weltkrieg in der Eupener Ortsgruppe des Eifelvereins gerne sang, möge dieses Kapitel beschließen. Der Dichter ist leider nicht bekannt, wahrscheinlich aber ist er unter den Mitgliedern der Eupener Ortsgruppe zu suchen.

Auf frohe Wanderschaft!
(Melodie: Wohlauf, die Luft geht frisch und rein!)

Ein offenes Aug, ein frohes Herz,
ein Lied und muntre Beine,
ein willig Ohr für heiteren Scherz
beim Marsch und auch beim Weine
ist alles, was von dem begehrt,
der will ein Eifler werden,
und mit uns fröhlich wandern will
auf Gottes schöner Erden.
Vallerie, Vallera...

Das Eupener Land, mit Künstleraugen gesehen

Johanna Schopenhauer – Josef Ponten – Maria Theresia Weinert – Eupener Mundartdichter – Raerener Mundartdichter – Der Maler Hans Jöres – Alfred Holler – Adolf Christmann

Künstler sind in die Landschaft verliebt, sie schauen gleichsam in ihre „Seele" hinein, sie sehen das Wesentliche. Wie Verliebte entdecken sie viele Details, die den Alltagsmenschen verborgen bleiben.

Dichter und Schriftsteller

In ihrem 1831 erschienenen Buch „Ausflug an den Niederrhein und nach Belgien" schreibt *Johanna Schopenhauer,* Mutter des bekannten Philosophen:
„Von Aachen aus führte der Weg durch eine fruchtbare, angebaute, hügelige Gegend. Die Kornfelder wurden seltener, je weiter man sich von Aachen entfernte; schöne üppige grüne Wiesen treten an ihre Stelle, mit Obstbäumen besetzt, mit lebendigen Hecken eingefaßt, die zum Teil recht zierlich unter der Schere gehalten werden."

So zeigte sich das Eupener Land vor 160 Jahren – und auch noch bis in unser Jahrhundert hinein. Inzwischen jedoch hat sich vieles geändert. Obstbäume gibt es nur noch wenige, viele lebendige Hecken sind verschwunden, viele Wiesen haben Neubauten weichen müssen, so daß das Eupener Land stellenweise – z.B. in Eynatten – stark zersiedelt wirkt.

Wie Josef Ponten die Heimat sieht

Der 1883 zu Raeren geborene Schriftsteller *Josef Ponten* (gest. 1940 zu München) beschreibt in seinem Roman „Siebenquellen" (1909) die Heimat wie folgt:

„Da grüne Gewoge der Landschaft geht weich und milde. Eine große Lieblichkeit ist überall, als hätte Gott, als er über das Chaos dachte, an dieser Stelle besonders lieblichen Gedanken nachgehangen. Die Sonne ist nicht mehr heiß, nur Gold -... In der Ferne die Wälder gegen die Grenze und gegen die benachbarten Städte stehen und hocken über einem Geheimnis und Dunkel.

Die Häuser stehen hell und heiter in der Landschaft wie niedliches Spielzeug außerweltlicher Riesen. Aber da solcher Art Riesen derbe Knochen und rohe Finger haben, so scheint ihr Spielzeug recht monumental geraten. Die Landschaft zeigt sich in viele Stücke aufgeteilt, und die meisten Erbe sind mit lebenden Hecken eingefaßt. Aber mag das grüne Land auch sehr zerstückelt scheinen, wie ein großer Teppich in Lappen verschnitten sein, durch die vielen mit blauem Kleinschlag beschütteten Pfade, die hell durch die Wiesen laufen, sind die Stücke gewissermaßen wieder wie durch Fäden aneinandergereiht.

Eine große Weichheit und Zwanglosigkeit, ein Verschmähen aller Gewalt liegt über die grünen Fluren gebreitet."

Maria Theresia Weinert-Mennicken

Sie ist eine Eupener Dichterin unserer Tage. „Im Grenzland zuhause". So heißt einer ihrer Gedichtbände. Darin zeigt sich schon ihre Liebe zur angestammten Heimat. M. Th. Weinert ist geborene Eupenerin – Jahrgang 1913 – Ihr Vaterhaus ist das prächtige Patrizierhaus am Werthplatz, bekannt unter dem Namen „Haus Mennicken". Es ist ein quadratisch angelegter Bau, dessen vorderes Herrenhaus im Erdgeschoß mit kostbaren Möbeln ausgestattet war. Verliebt war die Dichterin in den großen Garten, von dem sie noch heute träumt, wie aus folgendem Beitrag aus ihrer Feder ersichtlich ist:

Garten meiner Kindheit (damals Werthplatz 1)

Er war weit ausgedehnt und voller Geheimnisse. Wen die eiserne Pforte einließ, dem tat sich eine besondere Welt auf. Gleich am Anfang leuchtete ein großes, rundes Rosenbeet mit dunkelroten, weißen und gelben Rosen. Man konnte dazwischen hineinsteigen und mitten im Duft stehenbleiben. Schmale, gewundene Pfade zogen an Rasenflächen vorbei, auf denen breite, knorrige, bequem zu besteigende Apfelbäume, ein mächtig hoher Birnbaum und mehrere Pflaumenbäume mit besonders großen Pflaumen wuchsen. An niedriger Mauer entlang wucherten Himbeersträucher, rote Früchte lockten darin.

An einer Felsgrotte, von Rosenranken übersponnen, teilte sich der Hauptweg. Jetzt erst hatte man das Gefühl, sich so recht im Garten verlieren zu können. Nach rechts ging es an Gemüsebeeten und drei Tannen vorbei auf große Haselnußsträucher zu, die im Rund standen und mit Fliederbüschen zusammen eine Laube aus grünen Blättern bildeten. Man mußte die Zweige zurückbiegen, um einzutreten wie in ein geheimnisvolles Tempelchen, durch das man den Himmel nicht durchleuchten sah. Einen Stein brach ich aus der alten Mauer der Rückwand der Laube und versteckte dahinter Dinge, von denen niemand wissen sollte: Ein Zettelchen mit einem Gedicht, einen besonders geformten Stein, ein silbernes Kettchen, ein Heiligenbild. Hier kam ich mir vor wie Robinson in seiner Hütte, und manchmal wurde aus Zweigen und Blätterhaufen eine „Türe" geschaffen, die den Eingang zu diesem Reich versperrte. Am Abend sangen die Amseln dort besonders schön, und ich lauschte unter dem grünen Blätterdach versteckt. Dieser Garten hatte viele Verstecke. Im hohen, dicht belaubten Birnbaum war mein Lieblingsplatz. Dort saß ich, so hoch es ging in den Zweigen, versunken in ein Buch. Und es war reizvoll, nicht zu antworten, wenn eine Stimme rief. Man mußte sich schon unten nahe an den Stamm des Baumes stellen, um beim Hinaufschauen zu sehen, ob da in luftiger Höhe jemand saß, so gut barg mich der Baum.

Manchmal kamen Nachbarskinder zum Spielen mit. Dann lärmte es laut im alten Garten, dann waren die Erdbeerbeete nicht mehr sicher vor raschem Zugriff, und Hände voller Maiglöckchen pflückten wir, die im Schatten vor einer feuchten Mauer wuchsen. Wenn Besuch kam, wurde manchmal an warmen Sommertagen in der breiten, holzgezimmerten und efeuüberwachsenen Laube Kaffee getrunken. Bänke standen innen rundum, und im Hintergrund sah man auf der ganzen Laubenfläche den „Vater Rhein" mit seinen Burgen.

Man sollte nicht unter die großen, bis zur Erde herunterhängenden Zweige der Jasminsträucher kriechen, unter denen es betäubend duftete, wo das Gewirr von Blättern und Zweigen ein geheimnisvolles Dunkel schuf, in dem das Herz der kleinen Kinder ängstlich klopfte. Ob man dort überhaupt wieder heraus kam?

Man sollte auch nicht in Vaters Treibhaus hineingehen, wo

die blauen, süßen Trauben hingen. Aber es war sehr verlockend, auf das alte Gerüst hoch hinauf zu klettern, wo einem die süßen Früchte fast in den Mund wuchsen. Heiß war es im Treibhaus, unruhig war man wegen des Verbots. Knackte irgendwo ein schwerer Traubenzweig? Hielt das alte Gerüst vielleicht nicht mehr? Die Erwachsenen hatten so etwas angedeutet. Oder kam jetzt gerade der Vater in den Garten? Schnell ein paar Trauben pflücken und dann lautlos weghuschen mit einem Seufzer der Erleichterung, wenn die Treibhaustür hinter uns zufiel und die Frische des Gartens wieder um uns wehte.

Garten der Kindheit, wieviele Stunden vergingen in dir, die nicht gezählt wurden, wieviele Nachmittage der Freiheit, in die keine Uhr schlug? Wieviele Kinderträume, unauslöschlich in der Erinnerung.

Mundartdichter in Eupen

Es gab im Laufe der letzten 150 Jahre zahlreiche Mundartdichtungen Eupener Bürger, die zu einem großen Teil auch heute noch sehr bekannt und beliebt sind.

Der Schneidermeister *Theodor Breuer* (1815-1904), veröffentlichte bereits im Jahre 1842 seine „Blumen für das Volk", eine kleine Schrift, die neben einer Abhandlung über die Eupener Sprache, Gedichte in Mundart und Hochsprache enthält, die von großen Können zeugen.

Kaum zu zählen sind die Mundartgedichte, Lieder und Couplets von *August Tonnar*, der neben Theaterwerken in Mundart auch das Drama „Das Ende der Herrschaft Stockem" schrieb, dessen wertvollste Arbeit aber zweifellos das „Wörterbuch der Eupener Sprache" ist.

Jakob Fey, (1830-1901), verfaßte zahlreiche Mundartgedichte zu Eupener Lokalereignissen.

Mathieu Gouder, (1856-1923), schrieb eine Reihe von Gedichten und Theaterstücken in Eupener Mundart, wurde aber besonders bekannt durch sein Mundartfeuilleton „Wat de Allmodder vertaut", das von 1914 bis 1922 regelmäßig in den

„Eupener Nachrichten" erschien und uns heute als wertvolle volkskundliche Quelle gilt.

Servaz van Neuss, (1858-1945), der seit 1920 in Viersen lebte, hat seine Eupener Heimat und seine Mitbürger in herrlichen Mundartgedichten geschildert.

Jakob Toussaint, (1884-1963), schrieb eine Reihe schöner Mundartlieder und -gedichte, die auch heute noch sehr beliebt sind.

Dr. phil. Engelbert Frey, (1887-1955), als Nichteupener in Eupen aufgewachsen, beherrschte die Eupener Mundart in außerordentlichem Maße. Davon zeugen die zahlreichen Novellen und Gedichte, die in den dreißiger Jahren in den „Eupener Nachrichten" erschienen.

Joseph Conin, (1896-1936), war ein dichterisches Naturtalent. Seine Lieder aus der Welt des kleinen Mannes der Unterstadt, erfreuen sich noch heute außerordentlicher Beliebtheit. Sein Gedicht „Vöchtesch Drütche gäng öm Spiehne" ist gleichsam zum „Nationallied" der Unterstädter geworden.

Vöchtesch Drütche

Vöchtesch Drütche gäng öm Spiehne[1]
Dörch gen Schoon ho het de Tiene[2]
Aunde-n-a gen Aischerback[3] –
De Höjer[4] haue da gehowe –
vöer en Schick[5] ho het gegowe[6]
Spiehne-n-ene ganze Sack.

Drütche vong do an et raape –
än de Sonn scheen dat et krackde –
Jo, dat woor en wahre Spaß –
Op eemol kome twee Hureeke[7] –
än di doge Drütche steeke –
op gene Maund än op gen Nas.

Drütche daat, wat sots de doone –
d'r Höjer kos em neet verstoone
weil he jo mär Franz verstaund. –
Nömmt ech en-Aat, Mosjö, Hureeke

toujours wimmel Homeseeke
hat gesteckt issi la Maund.

Drütche vong do an et griene,
het less lieje Sack än Spiehne,
leep geschwend op hönnes [8] a:
Mä marrejü, saat sinne Pie,
nou bie mär met Kamelle-Tie,
Sös kriss de 'n Blootvergefteng dran.

Drütche kreeg do bo der Bevvel[9] –
ägge Gesecht esunne Gevvel[10],
op gene Maund en gruute Plack.
Et Drüt ho Pien än alle Sieje –
Dr Düvel so de Spiehne krieje,
aunde-n-a gen Aischerback.

[1] Späne; [2] Zehen; [3] Escherbach im Hertogenwald; [4] Holzfäller; [5] Kautabak; [6] gegeben; [7] Wespen; [8] nach Haus; [9] Zittern; [10] Giebel.

„Vöchtesch Drütche gäng öm Spiehne."

Zeichnung: P. Emonts-pohl

Claire Meyers-Michel, (1906-1981), schrieb zahlreiche folkloristische Mundartbeiträge und Gedichte für Presse und Rundfunk.

Jean Vilvoye, (1907-1976), veröffentlichte zahlreiche seiner Mundartgedichte im „Grenz-Echo".

Karl Willems, Jahrgang 1915, schrieb eine Reihe humoristischer Mundartgedichte, die immer wieder gerne gehört werden, weil sie stets eine befreiende Heiterkeit erwecken.

Willy Brammertz, Jahrgang 1941, schrieb zahlreiche Mundartgedichte epischen und zeitkritischen Inhalts. Für seine Sammlung „Öüpener Wört beschre've, vör dat se wijjer le've" erhielt er im Jahre 1984 den Preis des Rates der Deutschsprachigen Gemeinschaft. Inzwischen hat er drei weitere Sammlungen von Ausdrücken der Eupener Mundart veröffentlicht

H. Jörres: Weserbrücke.

und damit zur Erhaltung des Eupener Wortschatzes einen bedeutenden Beitrag geleistet.

Diese Auflistung der Eupener Mundartdichter verdanke ich Leo Hermanns, dem Präsidenten des Eupener Geschichtsvereins. Sein eigenes Licht hat er dabei unter den Scheffel gestellt. Denn auch er gehört – und das mit vollem Recht – zur Schar der Eupener Mundartdichter. Viele seiner Beiträge, vor allem humoristischer Art unter dem Titel „Nöllche vertellt", haben das Herz der Grenz-Echo-Leser erfreut. Das gleiche gilt von seinen Vorträgen im Belgischen Hörfunk. Eifrig sammelt er das Eupener Liedgut, und großen Anklang finden seine Theaterstücke in Eupener Mundart, die Scharen von Eupener Bürgern ins Kolpinghaus locken.

Mundartdichter in Raeren

Verliebt in das Eupener Land und besonders in sein schönes Heimatdorf Raeren war Hubert Schiffer, der erste Mundartdichter Raerens. Von dieser Liebe zeugt folgendes Gedicht aus seiner Feder:

An die Heimat

Dir, o Heimat, sing dies' Lied ich,
dir mit deinen üppiggrünen,
blumenreichen Sommerwiesen.
Mit den Hecken und den Zäunen,
mit den reinlich-netten Häuschen,
drin ein fleißig Völkchen wohnt,
echten Kernes, derben Schlages,
sei gegrüßt mir du, mein Raeren!
Seit den Tagen meiner Kindheit
hab' geliebt ich dich von Herzen;
und mag vieles man mir bieten,
ich verlaß nicht deine Fluren.
Ja, ich liebe dich, mein Raeren,
ich bin stolz auf deinen Namen.

Hubert Schiffer (1851-1923) war ein außerordentlich begabter, schöpferischer Mensch. Die Liebe zur Heimat trieb ihn dazu, den Versuch zu wagen, jene Kunst neu zu beleben, durch die Raeren einst in aller Welt berühmt geworden war: die Töpferkunst. Leider mißlang dieser Versuch. Hubert Schiffer lebt jedoch weiter in den Herzen der Raerener durch seine dichterischen Erzeugnisse. Eine seiner Töchter (Frau Carl Wilden) erzählte mir einmal: „Wenn Vater von der Arbeit im Steinbruch heimkehrte, setzte er sich an den Tisch, zündete die Petroleumlampe an und schrieb!" Was schrieb er?

Gedichte, Theaterstücke und größere Werke. Fast alle kreisen um Raeren, seine Geschichte und seine Menschen. So das geschichtliche Epos „Die Kunsttöpfer von Raeren". Im Jahre 1900 folgte „Die Raubritter von Reifferscheidt" oder „Tringe-Männchens-Klosen-Tringsche". Dieses Werk in Raerener Mundart gehört wöhl zum besten, was Schiffer geschrieben hat. Höhepunkt der Geschichte ist der Überfall des Raubritters von Reifferscheidt am 17. September 1437, bei dem Raeren niedergebrannt wurde. Schiffer hat diesen kriegerischen Einfall mit einer anmutigen Liebesgeschichte verbunden, in deren Mittelpunkt die schöne Wirtstochter Tringe-Männchens-Klosen-Tringschen steht. In diesem Werk wird das alte Raeren lebendig: seine Landschaft, seine Menschen und seine Mundart.

Ebenfalls in Raerener Mundart ist sein drittes größeres Werk geschrieben: „Der Tannenhoff".

Hubert Schiffer gebührt das Verdienst, die urwüchsige Raerener Mundart schriftlich festgehalten zu haben.

Hubert Schiffer ist auch heutzutage noch nicht vergessen. Wird eines seiner Theaterstücke in Raerener Mundart aufgeführt, kann man mit vollen Sälen rechnen.

Peter Emonts-pohl und Paul Mennicken haben das Werk Hubert Schiffers fortgeführt. In zahlreichen Veröffentlichungen aus ihrer Feder – Prosatexten sowohl wie auch Gedichten – wird die kernige Raerener Mundart lebendig. Höhepunkt der Dichtung Paul Mennickens ist das 1989 erschienene Werk „Hongdet en ee op Rörender Platt".

Maler – Zeichner – Radierer

Zahlreich sind sie: die Maler, Zeichner und Radierer, die uns in ihren Werken die Eigenart und die Schönheit des Eupener Landes im Bilde vor Augen geführt haben. Im gesteckten Rahmen dieses Buches ist es nicht möglich, sie alle zu behandeln, doch sollen einige besonders verdienstvolle hier ihren Platz finden und stellvertretend für alle stehen.

Wie ich Hans Jöres entdeckte

Wie den meisten Eupenern sagte der Name Hans Jöres mir nichts. Erst bei den Vorarbeiten für mein im Jahre 1966 erschienenes Buch „Aus Eupens Vergangenheit" stieß ich in einem vergilbten Exemplar der „Eupener Nachrichten" auf einige Federzeichnungen mit der Signatur H. Jöres, die mir außerordentlich gut gefielen und die ich darum in mein Buch aufnahm. Es handelt sich um die Bilder „Alte Häuser in der Judenstraße" (S. 35) – „Alte Häuser in der Hisselsgasse"

Eigenporträt von Hans Jöres.

Hans Jöres: Burg Raeren.

(S. 95) und „Die Weserbrücke an der Malmedyer Straße" (S. 157). Über den Künstler konnte ich kaum etwas erfahren. Ein betagter Eupener erinnerte sich, daß er bis nach dem Ersten Weltkrieg Gesang- und Zeichenlehrer an der Höheren Töchterschule auf dem Heidberg war.

Kurz nach Erscheinen des Buches besuchte mich eine ältere Dame, die sich als Anni Jöres, Musiklehrerin in Boppard, vorstellte. In bewegten Worten bedankte sie sich dafür, daß ich in meinem Heimatbuch ihres Vaters gedacht hatte. Zum äußeren Zeichen dieses Dankes überreichte sie mir ein ausgezeichnetes Bild der Burg Raeren. Mit kräftigen Strichen hat Hans Jöres hier den ursprünglichen Wohnturm, den Kern der Burg, das Wesentliche also, herausgestellt. 1967 veröffentlichte ich dieses Bild in meinem Buch „Raeren und die Raerener im Wandel der Zeiten". Kein Geringerer als Guy Poswick, bekannt durch sein reichbebildertes Werk „Les Délices du Duché de Limbourg", war voll des Lobes für dieses meisterhafte Bild, das er besser fand als seine eigene Darstellung der Burg.

Fräulein Jöres lud mich zu einem Besuch in Boppard ein. Auf der Heimfahrt von einer Ferienreise kam ich dieser Einladung nach.

Anni Jöres, das einzige Kind des Malers, war eine stadtbekannte Persönlichkeit. Jahrzehntelang hatte sie das Bopparder Musikleben verkörpert. Ihre bescheidene Wohnung war das reinste Museum. Überall hingen Gemälde und Zeichnungen ihres Vaters, unter denen mir die Eupener Motive sofort auffielen. Erst später habe ich erfahren, daß die 1974 verstorbene Dame sich nur schwer von diesen Andenken ihres Vaters trennen konnte. Obschon sie eher in dürftigen Verhältnissen lebte, brachte sie es nicht fertig, diese Werke zu veräußern. In ihrem Testament jedoch hat Anni Jöres der Stadt Boppard die große Sammlung von Ölbildern, Aquarellen und Zeichnungen vermacht, die nunmehr im dortigen Museum ausgestellt sind. Einige Werke hat die Stadt Boppard dem Eupener Museum als Dauerleihgabe überlassen, wofür ihr besonderer Dank gebührt.

Hans Jöres' Wirken in Eupen

Hans Jöres wurde am 19. August 1876 zu Odenkirchen, Kreis Mönchengladbach, geboren. Nach dem Besuch der dortigen Volksschule bezog er das Lehrerseminar, wo er 1897 die Abgangsprüfung bestand. Zuerst unterrichtete er an der katholischen Volksschule in Velbert und ab 1900 auch als Zeichenlehrer an der dortigen Fortbildungsschule.

Hans Jöres fühlte sich besonders hingezogen zur Malerei, für die er von Natur aus begabt war. Er besuchte darum von 1905 bis 1907 das Königliche Zeichenlehrerseminar in Düsseldorf, wonach er wieder in den Dienst der Stadt Velbert zurückkehrte.

Bereits am 1. August 1907 bewarb sich Jöres um die Stelle eines Zeichenlehrers in Eupen. Das Eupener Stadtverordnetenkollegium wählte ihn am 24. Dezember 1907 zum Zeichenlehrer am Progymnasium und an der Handwerker-Fortbildungsschule. Diese Stellen trat er am 1. April 1908 an. Am 17. August 1910 erhielt Jöres die Erlaubnis, an der Höheren Töchterschule auf dem Heidberg wöchentlich je zwei Stunden Zeichenunterricht und Gesangunterricht zu erteilen.

Vor zehn Jahren lebten in Eupen noch verschiedene seiner ehemaligen Schülerinnen. Befragt, was sie noch von Jöres wüßten, antworteten fast alle: „Wir haben ihn viel geärgert." Daß er ein bedeutender Maler war, daß auch in Eupen eine Ausstellung seiner Werke stattgefunden hat, war ihnen völlig unbekannt. Gesang- und Zeichenlehrer haben es nicht leicht, besonders wenn sie ausgesprochene Künstlernaturen und darum meistens Originale sind. Zum Teil mag es daran liegen, daß ihre Fächer, obschon wichtig, nicht so hoch bewertet werden wie die anderen. Jedenfalls bei Hans Jöres fehlte es – besonders im Gesangunterricht – an der nötigen Disziplin.

Schüler jedoch, die sich für seine Kunst begeisterten, sprachen noch in hohem Alter mit lobenden Worten von seinem Unterricht. So erzählte mir Pfarrer Jakob Nols: „Wir liebten seinen Unterricht. Er führte uns durch die Gegend und machte uns auf die malerischen Ecken und Gebäude aufmerksam, die wir dann an Ort und Stelle zeichnen mußten. Ich habe bei ihm das Zeichnen gelernt."

Beseelt von unglaublichem Schaffensdrang und getragen von einem fast nie erlahmendem Fleiß, hat Hans Jöres in den 13 Jahren seines Lebens und Wirkens in Eupen mit Pinsel, Stift und Feder festgehalten, was auf diesem schönen Fleckchen Erde seinen Schönheitssinn reizte. Er ist ein feiner Beobachter des Volkslebens und fühlt sich verbunden mit dem sogenannten „kleinen Mann". So finden wir in seiner Sammlung aus der Eupener Zeit Bilder von der Kirmes auf dem Werthplatz, wo das gute, alte Pferdekarussell im Mittelpunkt steht, von Eupener Waldbeersammlern, die – den Rucksack auf dem Rücken und die Trinkflasche an der Seite – zum Wald ziehen, und von wassertragenden Mädchen. Ein anderes Bild hat den Fackelzug festgehalten, der anläßlich der Abschiedsfeier für den letzten deutschen Bürgermeister Dr. Graf Wolff-Metternich, stattfand. Aber auch die Burgen und Schlösser sowie die Kirchen und Kapellen des Eupener Landes haben es ihm angetan, so z.B. die Burg Stockem, die Knoppenburg in Raeren, die Burg Raeren, die Werthkapelle und die Bergkapelle in Eupen. Er ist verliebt in die verträumten Gassen und Winkel Eupens, die er in manchen Bildern eingefangen hat. Die Pastelle – die Kunst der farbigen Kreide – bilden Glanzstücke unter seinen Werken.

1920, nach der Annexion Eupens durch Belgien, verließ Jöres den Ort, der ihm zur Heimat geworden war. Boppard am Rhein war seine nächste und letzte Station. Am damals städtischen Gymnasium wirkte er 17 Jahre als Zeichenlehrer. Ein altes Leiden, das ihm schon in Eupen zu schaffen gemacht hatte, zwang ihn vorzeitig – bereits am 1. Oktober 1937 – in den Ruhestand zu treten. Er verstarb am 5. März 1938.

Alfred Holler

Bekannter ist der Kunstmaler und Radierer Alfred Holler. Eine herrliche Vennlandschaft von seiner Hand ziert den Eupener Rathaussaal und ein Gemälde der untergegangenen Spabrunnenlandschaft den dortigen Treppenaufgang. Aber auch in so manchen Eupener Wohnhäusern hat Hollers Kunst eine Heimstatt gefunden.

Auch Alfred Holler war kein geborener Eupener. Das Licht der Welt erblickte er am 5. September 1888 in Krefeld. Schon sehr früh stellte sich bei ihm das Interesse für die Malkunst ein. Eines Tages überraschte der junge Alfred seine Eltern mit großflächigen Bildern, die er auf die frisch gestrichenen Wände des Speichers gemalt hatte. Ob er dafür nur Lob erntete, ist nicht bekannt.

A. Holler: Die Bergstraße in Eupen.

Zum engereren Bekanntenkreis des Vaters gehörte ein Fabrikant. Dieser gab den Anstoß dazu, daß Alfred nach bestandenem Abitur sich dem Studium der Kunstmalerei widmen konnte. Dieses Studium begann er an der Akademie in Düsseldorf und setzte es an der Académie Julien in Paris fort, um es schließlich an der Kunstakademie in Karlsruhe abzuschließen.

Wie kam Holler nach Eupen?
Freundschaften können sehr befruchtend wirken. Schon als Student der Düsseldorfer Akademie wurde Holler durch seinen Malerfreund Walter Ophey – einem Vertreter des rheinischen Expressionismus – mit dessen Heimatstadt Eupen bekannt. Bereits ab 1910 wohnte er in unserer Stadt. Hier lebte er bis zu seinem Tode im Jahre 1954 und teilte die Schicksale des Grenzlandes. Im Oktober 1907 heiratete Holler Martha Hass, Tochter des Eupener Kaufmanns Johann Hass und dessen Ehefrau Gertrud, geb. Stolz. Das junge Ehepaar bezog die elterliche Wohnung der Frau in Eupen, Neustraße, wo Holler dann sein Atelier einrichtete. Holler war vor allem Landschaftsmaler. Während des Ersten Weltkrieges wurde er als Kriegsmaler an die Ostfront abkommandiert. Zuvor hatte er bereits die Eifel, die Ardennen und Flandern mit Künstleraugen durchforscht. In diese Zeit fällt auch seine Entdeckung eines weiteren künstlerischen Neulandes, nämlich der Stadt Eupen selber, die damals noch weit reicher war an malerischen Winkeln und Gebäuden als heutzutage.

Schon bald nach dem Ersten Weltkrieg erreichte Holler einen größeren Bekanntheitsgrad. Im Jahre 1920 veröffentlichte er eine Mappe mit fünf Radierungen. Die Motive entstammen der Stadt Eupen und ihrer näheren Umgebung: Eupener Marktplatz, Werthplatz, Oberste Heide, Schwarze Brücke und Spabrunnen. In dem Geleitwort findet Dr. Felix Kuetgens, späterer Museumsdirektor in Aachen, anerkennende Worte für den Künstler. Er entdeckt in den Landschaftsbildnissen „ein langes, inniges Versenken von Sinn und Gemüt in den vertrauten und geliebten Gegenstand, in die Seele einer Stadt. Das Auge wird vom Dunkeln zum Hellen geführt. Das alles verrät ein feines Landschaftsgefühl des Maler-Radierers." Alfred Holler wurde wertvolle Unterstützung und Förderung in seiner Kunst durch den Eupener Bürgermeister Hugo Zimmermann (1928-1964) zuteil.

A. Holler: Burg Stockem.

Adolf Christmann

Wer kennt ihn nicht den Eupener Künstler Adolf Christmann? Mit seinem ehrwürdigen Bart erinnert er an einen biblischen Propheten. Sein Atelier liegt auf halbem Weg zwischen Eupen und Garnstock, mitten im Grünen. Hier lebt und arbeitet der Maler wie auf einer Insel, dem Alltäglichen völlig entrückt, eingebettet in die Welt der Farben. Bei seiner Arbeit an der Staffelei hört er gerne eine beruhigende Hintergrundmusik, am liebsten Klassik.

Adolf Christmann hat die Kunst von der Pike auf gelernt. Im Jahre 1927 zu Eupen geboren, besuchte er bis 1941 das Collège Patronné, wo sich schon seine Vorliebe für die Malerei zeigte. Von 1942 bis 1946 nahm er Privatunterricht bei den Düsseldorfer Malern Weitz und Fundlich. Im Jahre 1947 ist er Schüler der Académie des Beaux Arts in Lüttich, wo er bis 1949 bleibt. Dann geht es nach Antwerpen, wo er von 1950 bis 1951 am Institut für Schöne Künste studiert. Von 1951 bis 1953 endlich krönt er seinen Studiengang mit dem Besuch der Ecole Nationale des Beaux Arts in Paris.

Ab 1954 ist Christmann selbständiger Künstler. Auf Leinwand setzt er das um, was er sieht, erlebt und was ihn bewegt. Daß sich darunter auch viele Motive aus Eupen und Umgebung befinden, liegt auf der Hand. Haben wir es doch mit einem Maler zu tun, der trotz vieler Reisen, Studien und Aufenthalte in halb Europa und darüber hinaus in seine Heimat verliebt ist. Hier findet er immer größere Anerkennung, hier konnte er zahlreiche seiner Arbeiten absetzen, so daß in vielen Wohnungen unserer Stadt eins oder gar mehrere seiner Bilder anzutreffen sind.

A. Christmann: Haasstraße in Eupen.

Lachendes Eupener Land

„Der Himmel hat den Menschen als Gegengewicht gegen die vielen Mühseligkeiten des Lebens drei Dinge gegeben: die Hoffnung, den Schlaf und das Lachen."

So schreibt der deutsche Philosoph Immanuel Kant. An Mühseligkeiten fehlte es unseren Vorfahren nicht. Aber sie verloren den Humor nicht, sie verstanden das herzliche Lachenkönnen. Dazu verhalfen ihnen auch die urwüchsigen Originale, die es im Eupener Land gab, und die heute – im Zeitalter des Massenmenschen – leider ausgestorben sind. An einige von ihnen möge hier erinnert werden.

Nikolaus Dohm aus Eupen

Er wohnte im Holundergäßchen, zwischen Borngasse und „Am Berg". Auf dem kleinen Emailschild an seiner Haustür stand Name und Beruf: Nikolaus Dohm, Bittgänger.

Er hatte keine Konkurrenz. In Eupen war er der einzige, der diesen seltsamen „Beruf" ausübte. Manche Eupener, die durch Arbeit oder Krankheit verhindert waren, eine versprochene Wallfahrt zu unternehmen, vertrauten Nikla ihre Anliegen an. An ihrer Stelle unternahm dieser dann die Bittfahrt – natürlich gegen ein entsprechendes Ent-

Zeichnung von P. Emonts-pohl

gelt. Auch er mußte ja wie jeder andere von seinem Beruf leben.

Wenn das „Geschäft schlecht ging, arbeitete Nikla als fleißiger Knecht auf dem Bauernhof „Schnellewind", dort, wo der Weg von der Aachener Straße nach Buschberg abzweigt. Oder er spazierte gemächlich und mit gewichtiger Miene durch Eupens Straßen, ein Plakat um den Hals mit der Aufschrift: NIKOLAUS DOHM, BITTWEGGÄNGER. Warum sollte er nicht wie andere für sein „Geschäft" werben?

Seine Bittgänge führten ihn nach Ost und nach West. So z.B. nach Gottestal (Valdieu). In aller Herrgottsfrühe, gegen 5 Uhr, marschierte er, einen langen Rosenkranz in der Hand, durch die noch menschenleeren Straßen von Henri-Chapelle, laut rufend: „Heiliger Bernardus, bitte für uns!" Er hörte sich so an, als käme eine ganze Prozession vorbei. Hatte er den Ort hinter sich, hörte das laute Beten auf. Wie soll man auch vier Stunden an einem Stück beten? So etwas darf man auch von einem Bittgänger nicht erwarten. An anderen Tagen ging es durch die Nisperter Gasse, Richtung Katharinenplei und Mähheide nach Osten. Die betagten Raerener wissen sich seiner noch gut zu erinnern. Hier lautete der Gebetsruf: „Heiliger Quirinus, bitte für uns!" oder „Heiliger Kornelius, bitte für uns!", je nachdem die Wallfahrt nach Rott oder Kornelimünster führte. Auch nach Moresnet-Eichschen ist er unzählige Male – oft barfuß – gepilgert. Am Wallfahrtsort ließ er sich von einer Vertrauensperson bescheinigen, daß er wirklich seinen Auftrag ausgeführt hatte.

Wallfahrer haben einen guten Appetit – auch Nikla. Gerne kehrte er auf dem Hin- und Rückweg bei den Bauern ein, besonders, wenn gerade Kirmes gewesen war. Manchmal überraschte ihn auf dem Heimweg die Nacht. Dann mußte er irgendwo eine Notunterkunft finden. Eine Raerenerin (Frau Fuhrt, geb. Mennicken) erzählte mir: „Eines Abends kam er zu vorgerückter Stunde zu uns und bat: 'Darf ich auf Ihrer Heukarre schlafen?'"

„Guter Mond, du gehst so stille"

Eine Begebenheit aus Raeren

Der Johann aus der Rott ging auf Freiersfüßen. Das hübsche blauäugige Lieschen auf Berg war das Ziel seiner Sehnsucht. Jeden Donnerstag abend lenkte er seine Schritte dorthin. Bei seinem Mädchen fühlte er sich wohl, ihm hatte er so viel zu erzählen, daß er erst zu vorgerückter Stunde den Heimweg fand. Was machte das schon aus? Gewiß, Mutter und Schwester warteten nicht auf ihn. Die hatten längst die Petroleumlampe ausgeblasen und waren zu Bett gegangen. Aber er wußte ja, wo der Hausschlüssel versteckt lag. Auf der obersten Sprosse der Hühnerleiter konnte man ihn finden.

„Junge, bleib nicht so spät!" sagte ihm Mina, seine Mutter jedesmal. Aber die Glut seiner Liebe war stärker als alle mütterlichen Ermahnungen. Jeden Donnerstag wurde es später. Da riß der guten Mutter der Geduldsfaden. „Huberting", so befahl sie eines Tages energisch ihrer Tochter, „heute legst du den Schlüssel nicht hin. Der Junge muß endlich Vernunft annehmen. Heute kommt er nicht herein!"

Vom Kirchturm hatte es längst Mitternacht geschlagen, als Johann, überselig vor Liebesglück, in dieser lieblichen, lauwar-

Zeichnung: P. Emonts-pohl

men Juninacht zu Hause anlagte. Süß duftet die breitästige Linde vor dem Elternhaus. Der gutmütige, pausbäckige Vollmond leuchtet dem Nachtwandler, als er den Weg zur Hühnerleiter nimmt. Aber... was ist das?... Der Schlüssel ist ja nicht da!... Ist er vielleicht auf die Erde gefallen?... Er sucht und tastet... Alles umsonst. Hubertine hat wohl vergessen, ihn hinzulegen.

Nun, dann muß er sie wecken. Johann läuft zum Garten und kommt bald mit einer Bohnenstange zurück. Mit dieser klopft er nachdrücklich an Hubertings Schlafzimmerfenster. Der Erfolg läßt nicht auf sich warten. Bald erscheint Hubertine im Fensterrahmen. „Die Mutter hat verboten, den Schlüssel hinzulegen!" ruft sie ihrem wartenden Bruder zu. „Sie hat gesagt, du müßtest draußen übernachten!"

Johann knirscht mit den Zähnen. „Und ich komme doch hinein", brummt er vor sich hin. Unter dem alten Lindenbaum steht eine aus Birkenholz gefertigte, grünbemalte Bank. Gemächlich läßt er sich darauf nieder und schlägt die Beine übereinander. „Wofür ist man eigentlich im Gesangverein?" denkt er. „Singe, wem Gesang gegeben!"

Und dann schallt es durch die Gegend: „Guter Mond, du gehst so stille..." und als Zugabe: „Still ruht der See, die Vöglein schlafen..."

Es soll nicht lange still bleiben. „Wau... wau!" Hinten bei Jusefinge schlägt der Waldi an. Auch bei Nachbar Hagelstein heult ein Köter. Und dann ist es ein ganzer Hundechor, der unserem nächtlichen Sänger Konkurrenz macht. Drinnen im Haus hört man Mutters Stimme: „Huberting, laß ihn herein, sonst wird die ganze Rott wach!"

„Ja", sagt Huberting, „Jusefinge-Marie liegt schon im Fenster!"

(Nach einer wahren Begebenheit, mitgeteilt von Frau Johann Kirschvink-Hagelstein †).

Petsche Klös (Nikolaus Pitz) aus Walhorn

Kennen Sie den Damengraben? – Nein? – Bitte, stellen Sie sich darunter keine breite, belebte Boulevardstraße vor. Es handelt sich um eine enge, bucklige Dorfstraße in Walhorn. Sie führt zu den Quellen des Groetbachs und zur Molkerei. Aber ihren Namen „Damengraben", den der Volksmund ihr gegeben hat, trägt sie zu recht. Denn in den altertümlichen, geraniengeschmückten Häuschen wohnte eine Reihe ehrsamer Jungfrauen – alle Originale. Alle hatten sie ihre Geschichte, über die man im Dorfe lachte. Von einer soll hier die Rede sein, von Drücksche.

Wie kam es nur, daß Drücksche den Petsche Klös von der Asteneter Straße nicht ausstehen konnte, daß sie ihm aus dem Wege ging, wo sie nur konnte? Weil er so kantig und kauzig war? Weil er ein so resolutes Wesen hatte? Oder weil sie selbst ein Original war?

Über dem Dorf wölbt sich ein schöner Maimorgen. Nachts ist ein warmer, sanft rauschender Regen niedergegangen. Das Regenfaß vor Hagelsteins Schmiede ist randvoll gefüllt. Still und verlassen liegt die Dorfstraße. Zwitschernd schwirren die Schwalben durch die Luft. Drinnen in der Schmiede hämmert Meister Hagelstein an einem Hufeisen.

Da biegt langsam und würdevoll unser Drücksche um die Kirchhofsecke. Auf einmal aber hält sie den Schritt an... Wer kommt denn da aus der anderen Richtung? Das ist doch..., ja das ist Petsche Klös, ihr Todfeind! Nein, mit dem will sie nicht zusammentreffen! Sein hintergründiges, spöttisches Lächeln geht ihr schon lange auf die Nerven. Guter Rat ist teuer. Was soll sie tun? Kehrtmachen? Keinen Zweck! Klös wird sie schnell eingeholt haben.

Halt! Da steht doch Hagelsteins Regenfaß! Eiligen Schrittes geht sie darauf zu und schaut angestrengt in das Wasser hinein, als habe sie darin einen kostbaren Schatz entdeckt. Mit dem linken Auge schielt sie hinüber zur anderen Straßenseite. Dort schreitet männlich-schweren Schrittes der Klös fürbaß. Als der Drücksche sieht, huscht ein spitzbübisches Lächeln über seine Züge. Er biegt hinüber zur anderen Straßenseite. Drücksche erstarrt das Blut in den Adern. Tatsächlich! Klös

Zeichnung: P. Emonts-pohl

kommt auf das rettende Regenfaß zu. Er postiert sich der Jungfer gegenüber und schaut starr in das Wasser hinein, wo sich Drückschens wütendes und vor Zorn angeschwollenes Konterfei widerspiegelt.

Einige Minuten stehen sie so wie zwei kampfbereite Hähne gegenüber. Dann sagt Klös trocken und sachlich: „Do siehste twee Schroh, wah!" Das heißt: „Da siehst du zwei Häßliche, nicht wahr?"

(Nach einer wahren Begebenheit, mitgeteilt von Frau Lehrerin Stickelmann-Pitz, Nichte von Nikolaus Pitz).

Quellen- und Literaturverzeichnis

Archivalien

wurden eingesehen in folgenden Archiven:

Stadtarchiv Eupen
Bildarchiv des Eupener Stadtmuseums
Pfarrarchiv Walhorn
Pfarrarchiv Raeren
Diözesanarchiv Aachen
Allg. Reichsarchiv Brüssel
Auswärtiges Amt Bonn
Domarchiv Aachen
und Hist. Archiv des Erzbistums Köln

Literatur

Annalen des Hist. Verein vom Niederrhein 1904
Bahlow: Deutschlands geographische Namenwelt, Frankfurt a. Main 1965
Berens, Willi: Mospert, eine alte Forsthufe und ihre Bedeutung. Geschichtliches Eupen, Bd. V, 1971.
Eupener Zeitung
Gielen, Viktor: Gesch. Plaudereien über das Eupener Land, Walhorn 1964
Gielen, Viktor: Der Kreis Eupen unter preußischer Herrschaft, Eupen 1972
Gillessen, Willy: Vom Waldweiderecht und seiner Ablösung, Gesch. Eupen VI, 1972
Grondal, Guillaume: Kettenis, notices historiques, Verviers 1966
„Grünen und Blühen", Festschrift zur Hundertjahrfeier des Gartenbauvereins Eupen, 1953
Haagen, Friedrich: Geschichte Aachens, Bd. II 1873/4
Heeren, Bernhard: Kettenis, Eupen 1977
Heinen, Johann Gerhard: Pfarrgeschichte Eupens, Eupen 1896
Kaemmerer, Walter: Eschweiler und seine Geschichte, Bd. 1
Kohnemann, Michel: Die Flurnamen des Walhorner Landes (Machinelle Vervielfältigung), Löwen 1961
Korrespondenzblatt des Kreises Eupen
Lichius, Heinrich: Die Verfassung des Marienstifts zu Aachen bis zur Franz. Revolution, Zeitschrift des Aachener Geschichtsvereins, Bd. 37
Meyer, Karl Franz: Aachen, der Monarchenkongreß 1818, Aachen 1819
Poll, Bernhard (Herausgeber): Geschichte Aachens in Daten, Aachen 1960

Ponten, Josef: Aus deutschen Dörfern. Zwischen Rhein und Maas und an der Wolga. Die Väter zogen aus, Leipzig 1927
Ponten, Josef: Siebenquellen 1909
Restoff, F. v.: Topographisch stat. Beschreibung der Königl. Preuß. Rheinprovinz, Berlin u. Stettin 1830
Rutsch: Eupen und Umgebung, Eupen 1879
Tonnar, August: Aufzeichnungen über Eupens Vergangenheit, Eupener Zeitung, 5.10. und 7.10.1927
Trippen, Norbert: Das Domkapitel und die Erzbischofswahlen in Köln, Köln-Wien 1972
Willems, Bernhard: Ostbelgische Chronik, Ixelles 1948
Wirtz, Heinrich: Eupener Land, Berlin 1936
Wynands, Dieter: Geschichte der Wallfahrten im Bistum Aachen, Aachen 1986

Register

Inhalt

Der Verfasser dankt

allen, die ihm hilfreich zur Seite standen, besonders

den Zeichnern Peter Emonts-pohl, Freddy Nyns und Ludwig Duyster, die durch ihre hervorragenden Federzeichnungen viele Schönheiten unserer Heimat erst ins rechte Licht gerückt haben,

Herrn Archivar Leo Hermanns und Frau Johanna Gilet-Wolkener vom Eupener Stadtarchiv, die beim Aufsuchen der Unterlagen immer gerne behilflich waren,

Herrn Gottfried Loup, der das Bildarchiv des Eupener Stadtmuseums zur Verfügung stellte,

und nicht zuletzt dem „Grenz-Echo" Eupen, das dieses Heimatbuch in seinen Verlag übernahm.